O PODER OCULTO

PE. REGINALDO MANZOTTI

O PODER OCULTO

petra

PETRA EDITORA
Rua Candelária, 60 — 7º andar — Centro — 20091-020
Rio de Janeiro — RJ — Brasil
Tel.: (21) 3882-8200 — Fax: (21) 3882-8212/8313

NIHIL OBSTAT
Pe. Fabiano Dias Pinto
Censor arquidiocesano

+ José Ant. ~~~

IMPRIMATUR
† Dom José Antônio Peruzzo
Arcebispo Metropolitano de Curitiba
Curitiba, 24 de janeiro de 2019

CIP-BRASIL. CATALOGAÇÃO NA PUBLICAÇÃO
SINDICATO NACIONAL DOS EDITORES DE LIVROS, RJ

M253p

    Manzotti, Reginaldo
      O Poder Oculto / Reginaldo Manzotti. - 1. ed. - Rio de Janeiro : Petra, 2019.
      176 p. : il.
      Inclui bibliografia
      ISBN: 978-85-8278-152-4

      1. Vida espiritual - Igreja católica. 2. Vida cristã - Escritores católicos. I. Título.

19-54803
                    CDD: 248.4
                    CDU: 27-584

SUMÁRIO

Agradecimentos

Agradeço a Deus por, no Seu tempo, ter suscitado em mim a inspiração para escrever mais este livro. Deus é maravilhoso e se encarrega de nos apresentar novas formas de atualizar e propagar a Boa-Nova.

Agradeço, particularmente, à *coach* — ou estrategista, como prefere ser chamada — Caroline Nuncio Pinheiro Tormena, de quem ganhei o primeiro livro nessa área. Foi uma descoberta reveladora, que reverberou em minhas reflexões sobre a vida espiritual e na incansável busca de me autodesafiar na evangelização. Afinal, "Evangelizar é Preciso".

A responsabilidade sacerdotal me fez buscar a aprovação eclesiástica do censor oficial da Arquidiocese de Curitiba. Muito obrigado, Pe. Fabiano Dias Pinto, por me atender com prontidão, espírito de colaboração e generosidade. Muito obrigado, querido Dom José Antônio Peruzzo, Arcebispo da Arquidiocese de Curitiba, pelo *imprimatur*.

Obrigado ainda a todos que, direta e indiretamente, me auxiliaram com diálogos e partilhas.

Divido os frutos desta obra com minha equipe de trabalho e missão. Cada um na sua área me instiga a criar, reinventar e amadurecer.

Pe. Reginaldo Manzotti

AO LEITOR, À LEITORA

Ofereço este "filho das letras" a você, meu querido leitor, minha querida leitora. Obrigado por sua confiança e receptividade ao me deixar conduzir seus passos durante este treinamento na fé. Que Deus seja abundante em bênçãos e no derramamento da Unção do Espírito Santo para a realização deste propósito.

Como este livro conterá anotações particulares, sugiro que registre nele seu nome completo e não o empreste, pois se trata de uma proposta pessoal.

Comece a leitura deixando claro a si mesmo ou a si mesma que se empenhará para descobrir o que é o *Poder Oculto*.

Nome completo

INTRODUÇÃO

Orei, e foi-me dada a prudência; supliquei, e veio a mim o espírito da sabedoria. Preferi a sabedoria aos cetros e tronos, e, em comparação com ela, julguei sem valor a riqueza; a ela não igualei nenhuma pedra preciosa, pois, a seu lado, todo o ouro do mundo é um punhado de areia, e, diante dela, a prata será como a lama. Amei-a mais que a saúde e a beleza, e quis possuí-la mais que a luz, pois o esplendor que dela irradia não se apaga. Todos os bens me vieram com ela, pois uma riqueza incalculável está em suas mãos.

Livro da Sabedoria 7, 7-11

A vida é como um quebra-cabeça, e para mim sempre foi difícil montar mesmo aqueles de poucas peças. Por outro lado, há pessoas que, em questão de minutos, encaixam tudo certinho, pessoas que, só de olhar, têm aquela "sacada" e encontram a resposta que queriam. Em muitos momentos da nossa existência, pegamos uma peça que parece não se encaixar em lugar algum: é como se estivesse fora do contexto, e não sabemos como usá-la. Isso, contudo, não significa que devemos descartá-la, pois ela certamente ocupa um espaço relevante na solução do grande enigma.

Estou convicto, com base em minha própria experiência, de que Deus tem um plano para nós; se vamos escolher segui-Lo ou não, é outra história. Ele olha a nossa vida e a vê completa, qual um quebra-cabeça montado. Deus só não consegue ver isso quando nos precipitamos e tomamos a decisão de jogar fora aquela peça que não se encaixava. Se queremos ser felizes, mesmo não compreendendo o sentido do enigma, devemos deixá-Lo colocar a peça no lugar certo.

Caso não estejamos contentes com nossa história, Deus nos oferece a liberdade e os dons divinos, sobretudo a Sabedoria do Espírito Santo, para reescrevê-la e consertar o que está errado. Não sou *coach*, um termo técnico de origem estrangeira utilizado para designar um consultor ou instrutor de habilidades específicas, mas proponho neste livro realizarmos juntos um treinamento na fé. Todos nós trazemos uma força, um poder inato, a ser desenvolvido, inclusive você. Esse poder talvez esteja oculto por ora, mas trata-se de um poder verdadeiramente avassalador, que deseja se aflorar e se dinamizar.

Em cada capítulo, pistas, reflexões e questionamentos são apresentados para que você descubra esse Poder Oculto. Para quem quer apenas passar pela vida, ele continuará oculto, mas, para os que desejam mais — para os que desejam, sobretudo, fazer a diferença —, será uma mola propulsora.

Ao longo dos dez capítulos deste livro, proponho nos cinco primeiros exercitarmos a capacidade de avaliação e descoberta interior. Não os ignore, pois fazem parte do treinamento e são importantes na descoberta desse Poder.

A partir do Capítulo 6, convoco cada um de vocês a transpor uma ponte entre o hoje e o amanhã, entre o que você é e o que será pela graça de Deus e pelas descobertas do grande Poder ainda oculto. Não desista: siga até o fim da leitura.

Boa aventura!

Capítulo 1

Você sabe quem realmente é?

Começo este nosso treinamento na fé com uma passagem bíblica muito inspiradora, que podemos encontrar no Livro dos Gálatas: "Foi para a liberdade que Cristo nos libertou" (Gl 5, 1a).

Os olhos e ouvidos apressados se enganam prestando atenção apenas na aparente repetição de expressões e não se aprofundam no crescimento que o trecho propõe. Definitivamente, não se trata de um mero jogo de palavras, mas de sermos aquilo que nascemos para ser.

Nesse contexto, cabe perguntar: "Por que me criaste, Senhor? Por que criaste a humanidade? E por que há tantas pessoas que terminam a vida fracassadas?"

Muitos, quando à beira da morte, lamentam a própria derrota — e não me refiro à falta de bens materiais, uma vez que há quem chegue ao final da vida com muito pouco, mas humanamente realizado. Aliás, sempre reforço que dinheiro não é condição para a realização plena.

No entanto, o assunto aqui é bem mais profundo do que isso. O desafio que proponho a você é: apenas por um instante, pare de olhar e julgar aqueles para quem a vida deu errado, incluindo você mesmo. Venha comigo nesta jornada em busca de um sentido maior...

Desse modo, a grande pergunta que devemos fazer é: por que Deus criou o mundo e qual é a razão da existência humana?

Tentar compreender isso é fundamental; caso contrário, caímos na vala comum do acaso e nos perdemos de nossa própria essência, que é, em última análise e acima de tudo, divina.

Não somos um simples "acidente" da natureza, e isso justamente porque nossa verdadeira origem não está em nossos pais biológicos. Ela é muito anterior, pois fomos pensados por Deus antes de sermos concebidos. Se algo deu errado, certamente fugiu da Sua esfera de amor. Deus não nos criou degradados, mas perfeitos. Logo, a maior parte dos fracassos colhidos ao longo da caminhada são resultados de nossas próprias escolhas.

Cabe, então, perguntar ainda: por que estamos aqui?

Porque Deus nos amou e continua nos amando!

Ouso dizer que a Criação foi um extravasar do amor de Deus, um transbordar do Seu afeto. Independentemente da maneira pela qual o mundo se originou, assunto a que se dedicam muitas teorias científicas, uma coisa é certa: Deus o criou porque o amor d'Ele não se conteve. Ou seja, a Criação é fruto do Seu amor. Deus é criativo, perfeito, bondoso, e a ação de criar O alegrou. Quando olhou, viu que tudo o que havia criado era bom (cf. Gn 1). Porém, ainda faltava algo, exatamente a última peça da Criação, alguém com quem Deus pudesse partilhar Sua felicidade e Seu Amor: o ser humano.

Eis o sentido último da nossa existência: fomos criados para compartilhar da felicidade de Deus. Tanto é que Ele nos criou à Sua imagem e semelhança (cf. Gn 3, 8).

Sobre essa comunhão com Deus, há uma distinção fundamental que precisamos fazer: fomos, sim, criados para a felicidade, mas não sabemos onde e de que forma encontrá-la. Sabemos que fomos criados para isso, mas nos perdemos no caminho. Ou pior: nos demos por vencidos!

Vejamos. É elementar que o ser humano se diferencia dos demais seres vivos na sua relação com o Criador. Mas isso não quer dizer que Deus não se ocupe de todas as criaturas, e estas são pródigas em louvá-Lo.

Por que o espanto?

É isso mesmo. Elas louvam a Deus sem cessar! Cada floração a que assistimos na primavera é um ato de louvor ao Criador. Da mesma forma, os pássaros O louvam quando cantam. E isso vale para todos os animais, pois eles seguem o curso natural da vida para a qual foram concebidos.

No caso do ser humano, Deus colocou um ingrediente a mais, que é a faculdade de não apenas louvá-Lo, mas também de amá-Lo e se relacionar com Ele. Somos as únicas criaturas dotadas dessa peculiaridade. Podemos passear com Deus, conversar com Ele, sentir o Seu amor e dar a Ele o nosso. Essa prerrogativa somente o ser humano tem. Deus é tão magnânimo que nos contemplou até mesmo com a possibilidade de rejeitá-Lo. Sim, pois há pessoas que arcam com o alto custo de viverem alheias à Sua presença. A distância entre Deus e o ser humano se dá não porque Ele se afasta, mas porque respeita a liberdade das pessoas, que podem ou acreditar em Sua existência e trilhar Seus caminhos, ou se acharem autossuficientes e ignorá-Lo.

DEIXE O DNA DO DEUS VENCEDOR AFLORAR EM VOCÊ

Já me fizeram esta pergunta: "Deus nos criou porque precisava de um monte de súditos para louvá-Lo e amá-Lo? Ele é então um ser egocêntrico?"

É claro que não! Deus não criou o homem porque precisava de amor, de atenção ou de seguidores. Ele quis compartilhar conosco tudo que era bom, incluindo Sua alegria e o Paraíso.

Portanto, nós vivemos para compartilhar do Céu com Deus e temos todas as chances de fazê-lo, de nos encontrarmos com Ele, de travarmos um relacionamento com o Senhor.

Entenda bem: eu disse que todos nós temos o *potencial* de compartilhar do Céu com Deus, mas, como todo potencial, ele precisa ser D-E-S-E-N-V-O-L-V-I-D-O. Daí a importância deste livro, o qual já até chamaram de *"coaching* da fé". Isso mesmo, você não está lendo errado nem o Padre desandou a falar difícil. *Coaching* quer dizer treinamento, e é isso o que eu estou propondo aqui, isto é, que nos aperfeiçoemos para podermos nos aproximar de Deus e usufruir de todas as maravilhas desse (re)encontro. Perceba que não utilizo a partícula "re" por acaso, pois o encontro com Deus é algo que todos nós já experimentamos ao menos uma vez, em razão da nossa origem divina. No entanto, é preciso (re)ativar esse relacionamento com o Criador para sentirmos os efeitos benéficos que ele tem em todas as áreas da nossa vida terrena. Eis o objetivo deste *coaching*.

Uma das medidas mais importantes que todo treinador deve tomar é livrar aquele a quem assiste dos medos ou das "amarras" que o paralisam. Esse é o primeiro passo para que o verdadeiro potencial da pessoa aflore. No caso da fé, o grande problema é exatamente a sabotagem que nós mesmos nos impomos ao achar, já de antemão, que fomos concebidos por algum tipo de deslize ou descuido, e por isso estamos fadados à derrota.

Isso é mentira! Não somos derrotados. Já no nascimento provamos ser vitoriosos, pois somos fruto do amor de Deus.

As circunstâncias em que fomos concebidos pelos nossos pais biológicos não têm importância, mesmo se não tivermos sido desejados por eles. Afinal, tivemos a permissão de Deus e do Seu amor para virmos ao mundo! Portanto, não devemos aceitar nossos fracassos e reagir com desânimo, com falta de discernimento e com insensatez.

Somos filhos de um Deus vitorioso, irmãos de um Cristo Ressuscitado e temos isso gravado em nosso DNA!

Na ciência, a descoberta do DNA (ácido desoxirribonucleico) foi um salto qualitativo para a compreensão do ser humano em suas capacidades e deficiências. Estudos e pesquisas desenvolvidos desde então possibilitaram avançar no conhecimento das informações genéticas dos organismos que são transmitidas para seus descendentes. Na vida espiritual, a consciência de que em nós corre também, e principalmente, o DNA de Deus é algo curativo, transcendental. Há, portanto, um poder inato e oculto no ser humano, perceptível apenas aos que buscam senti-lo e desenvolvê-lo.

Deus disse: "Façamos o homem à nossa imagem, como nossa semelhança" (Gn 1, 26). "Deus criou o homem à sua imagem, à imagem de Deus o criou, homem e mulher Ele os criou" (Gn 1, 27). Essa semelhança significa que trazemos em nós, em nosso DNA, a marca de Deus, um reflexo da inteligência e liberdade do Criador. Significa ainda que podemos raciocinar e fazer escolhas. Além disso, contamos com outra coisa que nos torna diferentes das outras criaturas: a consciência, que nos leva a pensar, sentir e agir transfigurando-nos na imagem de Deus, assemelhando-nos a Ele na santidade.

A chave de tudo está em Jesus: Ele nos liga ao Pai. Na Oração Sacerdotal, Ele enfatiza o Seu amor e a Sua presença em nós: "Como Tu, Pai, estás em mim e eu em ti, que eles estejam em nós, para que o mundo creia que Tu me enviaste. Eu lhes dei a glória que me deste para que sejam um, como nós somos um: Eu neles e Tu em mim, para que sejam perfeitos na unidade e para que o mundo reconheça que me enviaste e os amaste como amaste a mim" (Jo 17, 21-23). Pelo Seu Sangue Redentor, Jesus recria todas as coisas e gera a vida nova. Pelo Espírito Santo que nos foi dado (cf. Rm 5, 5), refaz o código genético deteriorado pelo Pecado Original, reestruturando o DNA espiritual humano.

APRENDA A ENXERGAR ALÉM DA DOR

Fazemos parte de uma Criação linda e perfeita, independentemente da aparência física que tenhamos. Dentro de cada um de nós há algo de Deus, algo divino, mas nem sempre vemos isso, pois vivemos em um mundo no qual predominam as aparências.

Se invertêssemos o foco e passássemos a valorizar o que é essencial, e não meramente estético, poderíamos nos considerar sem sombra de dúvida a "última bolacha do pacote", como muita gente por aí faz (e, pasme!, só com base na própria aparência ou na riqueza material).

Perceba que estou avançando em nosso *coaching*; e, uma vez compreendida nossa origem divina, proponho agora um movimento de mudança de ponto de vista. Assim, ainda que você se sinta completamente só e incompreendido, jamais se sentencie como uma "bolacha quebrada ou estragada", e sim como uma "bolacha perfeita". Essa visão é importante. O amor de Deus, ao nos criar, dá um sentido diferente ao que somos.

Muitos, ao olhar para o próprio passado, pensam: "Mas eu sofri tanto!" Na verdade, o pensamento deveria ser: "Eu sou mais do que meu sofrimento, sou mais do que meus traumas."

Mesmo no caso daquelas pessoas que sofreram atrocidades com graves sequelas do ponto de vista psíquico e comportamental, é comum a vítima se sentir suja, culpada, fracassada e infeliz. Ainda assim, é preciso buscar o amor-próprio "bom" que somente nossa relação com Deus pode nos restituir. Temos de nos voltar para a nossa raiz divina, e não ficar remoendo as monstruosidades das quais fomos alvo. Os episódios traumáticos devem ser trabalhados e deixados ali, exatamente naquele momento em que ocorreram, sem avançarem nem um milímetro a mais. A máxima deve ser: "Podem ter roubado meu passado, mas não posso permitir que roubem meu futuro." Temos de fazer algo no presente para recuperarmos a dignidade e não ficarmos presos ao que nos derrubou. Acredite: mesmo que escondida em meio aos escombros da dor, trazemos em nós uma força inabalável que precisamos fazer aflorar: "O Senhor é a minha força e o meu escudo; ele confia o meu coração. Eu fui socorrido, minha carne refloresce, e de todo o coração eu lhe agradeço" (Sl 28, 7).

TOME A DECISÃO DE VOLTAR PARA A FONTE DA VIDA

Como expliquei, ao contrário das outras criaturas, que se relacionam com Deus por instinto, por assim dizer, nós interagimos com o Criador mediante a consciência, a qual é regida pelo dom da liberdade. O primeiro grande dom que recebemos de Deus é a vida; o segundo é o livre-arbítrio. Segundo consta no Livro do Eclesiástico: "Desde o princípio, Deus criou o homem e o entregou ao poder de suas próprias decisões" (Eclo 15, 14).

Também já expliquei que o amor de Deus é grandioso em tudo, e por isso Ele só pode querer o melhor para nós. No entanto, nossa compreensão é limitada, e nos dirigimos a Ele com egoísmo, com preces condicionadas a vantagens referentes a status ou bens materiais. Para piorar, quanto mais o ser humano progride, menos necessitado de Deus se sente e mais mesquinho se mostra. O resultado é desastroso, uma vez que a vida é um ato reflexo contínuo: abundância gera abundância, enquanto a mesquinharia...

Deus, repito, nos deu a liberdade para aceitá-Lo e nos relacionarmos com Ele ou não. No papel de seu *coach* espiritual, é minha função repetir alguns conceitos para reforçá-los. Avancemos, porém — e aqui é importante atentar para o "pulo do gato" nessa via de mão dupla que é nossa interação com o Criador: Ele nos criou desinteressadamente, é claro, porém existe uma condição que resulta desse processo e que é inerente a cada um de nós: só experimentaremos o amor verdadeiro e uma felicidade completa quando estivermos com Aquele que nos criou. Não se trata de sermos obrigados a amá-Lo, mas de Ele ser a própria felicidade. Portanto, se em nossa vida não nos devotarmos a cultivar e a viver esse amor, seremos incompletos e infelizes.

Dizem que, quando se ama alguém verdadeiramente, não é possível colocar outra pessoa em seu lugar. Pois bem. A humanidade, na pessoa de Adão, já experimentou esse estágio de plenitude absoluta com Deus, e, portanto, qualquer outra situação que não corresponda a essa comunhão com Ele redundará em uma falsa felicidade.

Depois de muito buscar, Santo Agostinho (re)encontrou o sentido de tudo em Deus e se questionou: "Senhor, por que tarde te amei?". Vale a pena reproduzir o que escreveu o santo sobre a experiência de (re)descobrir o Criador:

Tarde te amei, beleza tão antiga e tão nova, tarde te amei. Mas eis: estavas dentro e eu estava fora. Lá fora eu te procurava e me atirava, deforme, sobre as formosuras que fizeste. Tu estavas comigo, mas eu não estava contigo. Mantinham-me longe de ti coisas que, se não estivessem em ti, não seriam. Chamaste e clamaste e quebraste minha surdez; faiscaste, resplandeceste e expulsaste minha cegueira; exalaste e respirei e te aspirei; saboreei e tenho fome e sede; tocaste-me, e ardo na tua paz.

Quando me juntar a ti com todo o meu ser, nunca mais haverá para mim fadiga e dor, e viva será minha vida, toda plena de ti. Mas agora tu elevas aquele que preenches, e como não estou pleno de ti sou um peso para mim mesmo. Minhas alegrias, dignas de serem choradas, lutam com minhas tristezas, dignas de serem celebradas, e não sei de que lado ficará a vitória. Lutam minhas mágoas más com meus prazeres bons, e não sei de que lado ficará a vitória. Ai de mim! Tem misericórdia de mim, Senhor! Ai de mim! Eis, não escondo minhas feridas: tu és o médico, eu o doente; tu és misericordioso, eu miserável (*Confissões*, X, 27-28).

Quanto mais demoramos para perceber isso, mais deixamos nossa própria vida para depois. A intensidade da nossa existência se mede pela nossa proximidade com Deus, porque o amor d'Ele não tem limites. E a pior coisa que pode nos acometer é levar uma vida "morna", "sem sal", refreada, contida, agindo como alguém que "não toma a sopa nem entrega o prato".

A boa notícia é que, como temos a graça de Deus para isso, agora tudo só depende de você!

Então, tomemos uma decisão definitiva: voltemos para junto do Criador, e o fruto será a felicidade.

Desconstrua a imagem equivocada de Deus

Muitos têm medo de Deus, de Sua ira, da condenação ao Inferno, e muitas vezes isso vai minando a relação com Ele. Deus não quer isso. Ele nos enviou Jesus não para julgar, mas para salvar os que estavam perdidos.

Por isso, temos de desconstruir a imagem equivocada de Deus que por vezes fazemos. O temor a que a Bíblia se refere não é medo, mas algo que vem do amor. Temor é saber que necessitamos do Criador e que somente Ele nos completa. Sendo mais preciso, é nos colocarmos no lugar que merecemos estar: no de Suas criaturas.

Como já citei, Deus sentiu alegria e prazer em nos criar, porém, mesmo que não existíssemos, Ele existiria. Deus existe e é independente de nós; Ele apenas quis dividir o Seu amor conosco.

Quanto a nós, podemos viver o amor divino ou nos iludirmos e criarmos o nosso próprio amor. Isso, porém, não passa de um ato de egoísmo, como no caso de uma pessoa que diz amar da boca para fora, mas não se empenha de verdade em cultivar o relacionamento.

O Livro do Eclesiastes afirma: "Deus marcou o tempo certo para cada coisa. Ele nos deu o desejo de entender as coisas que aconteceram e as que ainda vão acontecer, porém não nos deixa compreender completamente o que Ele faz. Então, entendi que nesta vida tudo que a pessoa pode fazer é procurar ser feliz e viver o melhor que puder. Todos nós devemos comer e beber e aproveitar bem aquilo que ganhamos com o nosso trabalho. Isso é um presente de Deus" (Ecl 3, 10-13).

O homem foi o ápice da Criação. Quando usamos o termo "semelhança", isso significa que em algum aspecto "puxamos a Deus". A Bíblia nos mostra como Ele pensa e quer que sejamos mais semelhantes a Ele — mais até do que podemos imaginar: nosso destino tem um contorno definido, que é Jesus; e, sendo iguais a Cristo, tornamo-nos parecidos com Deus, e por isso o livre-arbítrio é tão crucial.

São Paulo diz que devemos ser santos e irrepreensíveis diante de Deus. Nosso amor e nossa santidade não são obrigações em sentido estrito, mas somos de fato chamados a ser santos e irrepreensíveis na Sua presença; vem daí a felicidade que Deus pensou para nós desde antes da criação do mundo.

Em sua Primeira Carta, São João explica: "Caríssimos, desde já somos filhos de Deus, mas o que nós seremos ainda não se manifestou. Sabemos que por ocasião dessa manifestação seremos semelhantes a Ele, porque o veremos tal como Ele é" (1 Jo 3, 2). Então, eu me atrevo a dizer que somos um "rascunho de Deus", ou, para utilizar os jargões da área tecnológica, que ainda não fizemos a transição do sinal analógico para o digital. Podemos, contudo, fazer esse *upgrade*, pois temos o DNA da vitória.

Enquanto lê este capítulo, pode ser que você ainda esteja desanimado, desiludido, combalido pela sensação de fracasso. Mas acredite: Deus tem o poder de mudar essa situação! Não pelas minhas palavras, é claro, mas pelo Espírito, que age e faz. Basta uma abertura, uma permissão de cura para a ação do Espírito Santo.

BEBA DA FONTE DA SABEDORIA

Raciocine comigo: Deus não pode ter errado... e não errou!
O que aconteceu é que nossa capacidade de discernimento está obstruída por todas as perdas e mazelas com as quais nos deparamos neste mundo — as doenças, a violência e a mortandade desenfreadas, as frustrações, a falta de sentido da vida, a perda de identidade resultante do fenômeno da globalização... Enfim, tudo que ocorre à nossa volta e que, de alguma forma, tem efeitos poluentes e desestabilizadores acaba causando danos ao nosso bem-estar.

Como combater esse mal tão disseminado na vida moderna?

O Livro dos Provérbios revela que o primeiro fruto do respeito a Deus chama-se Sabedoria. É ela que nos leva ao verdadeiro sentido da vida. A busca pela Sabedoria é um elemento comum em quase todas as manifestações religiosas. Não estou me referindo ao conhecimento que se adquire estudando, mas à sapiência que advém de Deus e é oferecida a todos.

Muitas pessoas inteligentes, com doutorado, ph.D. nisso ou naquilo, *falam e fazem bobagens* dignas dos mais ignorantes, uma vez que não buscam a Sabedoria. Sentem preguiça de pensar, refletir, rever. Dá trabalho, não é? E, no dia a dia, o que impera é a tática do atalho, do imediatismo, do "finalmente" a qualquer custo. Tomamos atitudes impensadas acreditando que, se algo der errado, depois consertamos. Falamos coisas que não devemos e depois nos desculpamos, alegando ter sido um "ato falho". Justificamos com um "Eu não queria ter dito isso", mas o fato é que dissemos. Não paramos para pensar antes de fazer. Parece que somos controlados por impulsos e desejos.

Seguindo essa mesma linha de raciocínio, há quem diga que Deus nos faz de marionetes. Não é verdade! É a nossa insensatez que nos faz de marionetes e programa nossa vida para o Inferno. E o pior é que aceitamos e trocamos um Deus vitorioso por um "deus" derrotado.

Muitos podem se queixar de que não tiveram boas oportunidades, mas o grande problema está em fazermos escolhas de forma insensata ou, no mínimo, ingênua. E não podemos esquecer que a ingenuidade não é uma virtude.

Nesse sentido, um dos melhores conceitos de Sabedoria está no Livro de Jeremias: "O meu povo praticou dois crimes: abandonaram a mim, a fonte de água viva, e cavaram para si cisternas, cisternas rachadas que não seguram água. Por acaso, Israel é um escravo ou nasceu na escravidão?" (Jr 2, 13-14a).

Portanto, a pergunta-chave é: estou bebendo água (Sabedoria) do poço de Deus ou sugando um líquido qualquer, fétido, que o mundo me entrega e com o qual vou deteriorando minha felicidade, minha família, meus projetos, meus sonhos e meu trabalho?

Jesus se apresentou à samaritana como fonte de água viva. E é dessa água, fonte da Sabedoria, que devemos beber. Abandonar a Deus para cavar cisternas furadas é o que fazemos muitas vezes e acabamos arruinando nossa vida.

Sempre digo que precisamos escolher melhor nossos pares, e isso não implica desprezar ninguém, mas saber escolher com quem caminhar. Muitos investem em profissões, amizades e até casamentos que nada acrescentam; seguem pela vida, então, "empurrando com a barriga", como se diz popularmente, argumentando que "mais vale um pássaro na mão que dois voando", ou simplesmente que "não há o que fazer".

Se Deus nos concebeu perfeitos, e Ele de fato o fez, não podemos "aceitar tão pouco" nem "fazer por menos". Não podemos permitir que os outros nos digam que não prestamos. Perceba que há uma diferença estrutural entre *ser* algo degradante e *estar* em um momento incontestavelmente desfavorável. Podemos até estar frustrados ou doentes, mas não somos apenas isso e, com determinação, persistência e a graça de Deus, podemos superar nossos problemas. Tudo depende da descoberta do Poder Oculto que existe dentro de cada um de nós.

Sempre lembro que ver uma criança falar "molinho" e errado pode até ser fofo, mas, quando ela cresce, isso não tem mais graça nenhuma. Desse modo, já está mais do que na hora de amadurecermos. Envelhecer já está no "pacote" e vem da natureza. Agora, amadurecer com sabedoria e discernimento vem de Deus.

Por isso, comece a adotar um discurso propositivo consigo mesmo: "Com a graça de Deus, eu posso." "Se Deus quiser, eu vou em frente." Ao colocar Deus na frente, paramos de ter medo de tomar decisões erradas. Ao colocar Deus na frente, acertamos o passo no caminho que Ele tem preparado para nós.

Reservaremos sempre o final de cada capítulo para suas reflexões, leitor, leitora, sobre cada etapa de nossa jornada:

Registre aqui os principais aprendizados obtidos neste capítulo:

_____

_____

_____

_____

Como você vai aplicá-los em sua vida a partir de agora?

_____

_____

_____

_____

Quais elementos do Poder Oculto você descobriu nesta etapa?

_____

_____

_____

_____

Para rezar

Salmo 19

R.: Foi assim que me falou o Senhor Deus:
Tu és meu Filho, e eu hoje te gerei.

Os céus proclamam a glória do Senhor,
e o firmamento, a obra de suas mãos;
o dia ao dia transmite esta mensagem,
a noite à noite publica esta notícia.

Não são discursos nem frases ou palavras,
nem são vozes que possam ser ouvidas;
seu som ressoa e se espalha em toda a terra,
chega aos confins do universo a sua voz.

Armou no alto uma tenda para o sol;
ele desponta no céu e se levanta
como um esposo do quarto nupcial,
como um herói exultante em seu caminho.

De um extremo do céu põe-se a correr
e vai traçando o seu rastro luminoso,
até que possa chegar ao outro extremo,
e nada pode fugir ao seu calor.

Glória ao Pai, ao Filho e ao Espírito Santo,
como era no princípio, agora e sempre. Amém.

Oração

Senhor Deus Todo-Poderoso,
Por amor me criaste.
Eu te agradeço pela dádiva da vida.
Pelos dias que se somam à minha existência.
Louvado sejas porque a cada dia sou chamado a
contemplar a maravilha da Tua criação.
Louvado sejas pela harmonia da natureza.
Louvado sejas pela vida que se renova a cada dia.
Louvado sejas pela plena liberdade que me deste.
Louvado sejas pela oportunidade que me concedes de,
a cada despertar, poder fazer diferente
e acertar o prumo da minha vida.
Dá-me a sabedoria e o discernimento do Teu Espírito Santo.
Dá-me forças para reparar os meus erros.
Ajuda-me, Senhor, a nortear as minhas decisões.
Ajuda-me, Senhor, a mudar o que precisa ser mudado e a refazer a minha história.
Eu Te ofereço o meu pensar, o meu querer, o meu agir.
Liberta-me da angústia, do desespero,
do egoísmo, do consumismo
e de tudo o que atrapalha a Tua obra
e a minha felicidade.
Na Tua presença, Senhor, também trago a minha família.
Ampara-os com Tua graça e protege-os com Teu amor de Pai.
Amém.

Capítulo 2

Qual é o grau de sabedoria, felicidade e realização em sua vida?

Muitas vezes, em nossa trajetória, nós nos acomodamos em certas situações e não nos esforçamos para sair delas. Pior ainda: nós nos acostumamos com o sofrimento ou terceirizamos aos outros a causa dele. Agir para romper o círculo vicioso e de fato melhorar, então, nem pensar!

Essa postura é um grave erro.

Em várias ocasiões, sou procurado por pessoas que sofrem de algum mal. Contudo, não raro, quando pergunto se o queixoso buscou tratamento, se foi ao médico, muitos me respondem que se "acostumaram com a dor".

Isso beira os limites de uma blasfêmia!

Sim, porque Deus só quer o nosso bem! Desse modo, trabalhar contra a vontade de Deus é trabalhar contra Ele!

Além disso, trata-se de um baita paradoxo; afinal, podemos nos acostumar com coisas boas, como chocolate e sorvete, mas não com a dor.

Você entendeu o que eu quis dizer? Por ora, guarde na mente essa observação inicial e tenha paciência, pois tudo se esclarecerá à medida que o Poder Oculto se revelar.

O Evangelho de São João, no Capítulo 5, relata o caso de um homem que sofreu por 38 anos e se acostumou a viver na cama e a enxergar a vida pelo prisma do próprio leito. Diz o texto: "Existe em Jerusalém, junto à porta das ovelhas, uma piscina, que em hebraico se chama Betesda, com cinco pórticos. Deitados pelo chão, numerosos doentes, cegos, coxos e paralíticos ficavam esperando o borbulhar da água, porque o anjo do Senhor descia de vez em quando na piscina e agitava a água. O primeiro, então, que ali entrasse, depois que a água era agitada, ficava curado, qualquer que fosse a doença. Encontrava-se ali um homem doente havia 38 anos" (Jo 5, 2-5).

Pois bem, o tal homem esqueceu o que era saúde! Ele se acostumara com o sofrimento. O texto diz que havia no entorno da piscina uma multidão de doentes. Um doente pode contrapor: "Padre, nem todas as curas acontecem!" Esse é um argumento válido, sem dúvida, mas há uma pergunta que não me eximo de fazer ao meu arguidor: "E quem disse que a sua cura, especificamente, não vai acontecer?"

Jesus não curou todos os cegos, mas Bartimeu Ele curou. Não curou todos os leprosos, mas um deles o Senhor curou. Por quê? Porque eles insistiram, transpuseram obstáculos e chegaram a Jesus. Alguém disse que a graça da cura não é para você? Então, por que vai deixar de pedir?

Continuemos com o nosso *coaching*...

Ainda na mesma passagem bíblica, temos: "Jesus, vendo-o deitado e sabendo que já estava assim havia muito tempo, perguntou-lhe: Queres ficar curado?" (Jo 5, 6).

Preste atenção à pergunta que Jesus fez: "Queres ficar curado?"

Agora, é a minha vez de perguntar: há quantos anos você está doente? E não me refiro apenas à doença física. Baseados no texto bíblico, muitos concluirão que estão doentes "a vida inteira".

O enfermo do Evangelho se justificou: "Senhor, eu não tenho quem me jogue na piscina quando a água é agitada" (Jo 5, 7). Perceba que ele terceirizou a ação, ou seja, a responsabilidade de buscar a cura: a culpa seria dos outros, que não o ajudavam a mergulhar.

Temos de admitir que, em vários momentos da nossa vida, agimos como o enfermo do Evangelho. O rosário de desculpas é interminável: "Ninguém me ajuda"; "Não sou amado"; "Não tenho amigos verdadeiros"; "Minha mãe não me desejou"; "Sou uma pessoa traumatizada"; "Eu não sou capaz!". E por aí vai...

DÊ UM BASTA NAS ATITUDES E NOS PENSAMENTOS NEGATIVOS

Todos os dias o sol nasce, a vida prossegue e o Senhor nos pergunta: "Você quer ou não quer?"

E qual é a sua resposta?

Antes de responder, quero que você compreenda a importância de mudarmos nosso modo de pensar e, consequentemente, nossas atitudes. Isso parece simples, mas não é! Basta prestar atenção a nosso discurso, sempre cheio de "mas", "se", "talvez".

As palavras possuem um peso extremo. Minha mãe tinha uma sapiência única e sempre recomendava que não proferíssemos comentários negativos, porque, segundo ela, um anjo poderia estar por ali e dizer "Amém", isto é, "Assim seja!".

Voltando ao exemplo bíblico, imagine o tamanho da derrota daquele homem que vivera à espera de sua vez de entrar na piscina, mas que sempre perdia a vez para outra pessoa. Muitas vezes, quando estamos quase alcançando um objetivo, ocorre o mesmo conosco, e algum "felizardo" conquista esse feito antes de nós. Outras pessoas se dão bem, e nós, não. Então, vêm aqueles pensamentos: "Sou um fracassado", "Não sei fazer nada direito" etc.

Agora, reflita por um instante: "Por que não procuramos fazer aquilo que sabemos?"

Ninguém é obrigado a ser bom em tudo, mas certamente alguma competência específica cada um tem. Só precisamos convencer a nós mesmos disso!

Ao contrário do que se imagina, não é falta de humildade reconhecer nosso próprio potencial. Não podemos nos diminuir. Quem faz isso é o Inimigo, pois ele quer nos abater. Como mencionei no livro *Batalha espiritual*, o Diabo pede audiência a Deus para nos acusar e nos destruir.

Pensamentos como "Eu não presto", "Eu não valho nada!", "Sou apenas um 'chinelo velho' atrapalhando os outros", além de muitos outros, são altamente tóxicos e não se originam em Deus, pode ter certeza. Somos amados por Nosso Pai e temos uma missão na vida, independentemente da condição em que nos encontremos — ainda que seja em cima de uma cadeira de rodas.

Jesus era um homem atento, sagaz, e por isso ninguém O passava para trás, nem mesmo o Diabo. No caso do enfermo do Evangelho, Jesus percebeu que se tratava de um homem preguiçoso em sua fé, e a preguiça é um pecado. Na verdade, ele tentou se esquivar e sequer respondeu diretamente à pergunta de Jesus. Em sua preguiça espiritual, acreditava que nada de bom poderia acontecer consigo e aceitava essa derrota.

Muitas vezes, nós somos preguiçosos na fé, e por isso optamos por ficar estagnados, encontrando desculpas para nossa inércia, e esquecemos que um dia o homem foi feliz *em* e *com* Deus. Nós nos esquecemos de lutar pela felicidade!

Jesus sabe perfeitamente disso e, em relação ao seu interlocutor, não faz rodeios nem passa a mão sobre sua cabeça; ao contrário, mostra-Se imperativo ao dizer: "Levanta-te, pega tua cama e anda."

Por que será que Jesus mandou que o enfermo levasse a cama? Talvez porque ela representasse os 38 anos de aprisionamento daquele homem. A cama era o lugar onde ele definhara. Movê-la, portanto, significava renunciar à doença e dar um destino diferente à própria vida. São interpretações livres que tomo a liberdade de compartilhar aqui, mas é evidente que se tratava de uma forma de estimular o homem a tomar as rédeas da própria vida e, sobretudo, recuperar a vontade de viver.

De fato, Jesus curou aquele homem. Então, eu lhe pergunto sem rodeios: "E você, quer ser curado?"

Se a resposta for um sonoro "sim", comece, pois, se levantando. Isso mesmo: fique em pé, mas não apenas com o corpo. Erga sua alma, eleve-a em direção a Deus e descole-a dessa doença.

Como?

RECUPERE A MEMÓRIA DO SEU DNA DIVINO

A memória da alegria pode ser uma forte aliada em nosso autorresgate. Sim, falo precisamente das lembranças de quem você foi um dia — leve, sorridente, brincalhão ou brincalhona, idealista —, mesmo que por ora não seja mais assim. O mesmo vale para a memória do amor com que somos amados por Deus e feitos para a felicidade.

Esse é o nosso DNA divino, e sem ele só nos sobra o vazio.

Então, diga em alto e bom som:

Senhor, tudo conheces, tudo sondas!
Eu sei que errei e falhei.
Errei quando desisti.
Errei quando me frustrei.
Errei quando me deixei ficar na maca da minha vida.
Mas, com Tua ajuda, eu vou me levantar, me reerguer, retomar minha cruz e seguir em frente.

São Paulo escreve aos Coríntios: "Vede, pois, quem sois, irmãos, vós que recebestes o chamado de Deus, não há entre vós muitos sábios, segundo a carne, nem muitos poderosos, nem muitos de família prestigiosa. Mas o que é loucura no mundo, Deus escolheu para confundir os sábios; e o que é fraqueza no mundo, Deus escolheu para confundir o que é forte. O que no mundo é vil e desprezível, e o que não é, Deus o escolheu para reduzir a nada o que é, a fim de que nenhuma criatura possa se vangloriar diante de Deus" (1 Cor 1, 26-29).

Ao lermos essa passagem, parece realmente que Deus está falando conosco! Ao afirmar: "Vede, pois, quem sois, irmãos, vós que recebestes o chamado de Deus", Paulo dirige-se a nós, que somos constantemente chamados pelo amor divino. Em seguida, acerta na mosca mais uma vez: "Não há entre vós muitos sábios, segundo a carne." Ou seja, a maioria das pessoas não é composta de doutores, "poderosos" nem de integrantes de famílias abastadas. A maioria dos nossos conhecidos é "gente como a gente", e é conosco que Deus quer falar.

Na verdade, a intenção do Nosso Pai é justamente questionar todo esse poder que se atribui a um simples diploma. E Ele vai mais fundo, expondo uma série de contradições inconcebíveis: "O que é loucura no mundo, Deus escolheu para confundir os sábios; e o que é fraqueza no mundo, Deus escolheu para confundir o que é forte. O que no mundo é vil e desprezível, e o que não é, Deus o escolheu para reduzir a nada o que é." Em seguida, vem a revelação do Seu propósito: "(...) a fim de que nenhuma criatura possa se vangloriar diante de Deus."

ACESSE A SABEDORIA DE DEUS

Nessa mesma linha, São Tiago também nos ensina: "Atentai para isso, meus amados irmãos, não escolheu Deus os pobres, em bens deste mundo, para serem ricos na fé e herdeiros do reino que prometeu aos que o amam?" (Tg 2, 5). Então, todos somos filhos de Deus, amados por Ele, e temos direito à felicidade. Também nos é garantido o acesso à Sabedoria de Deus. Podemos não ter diploma e não ser suficientemente preparados aos olhos humanos, mas todos nós podemos acessar a Sabedoria divina. Busquemos, pois, essa Sabedoria, porque nela está a nossa felicidade e a razão de existirmos.

No Livro dos Provérbios, a sabedoria é apresentada de três formas: a profética, a messiânica e aquela que se traduz no próprio sentido da Criação. "Provérbios de Salomão, Filho de Davi e Rei de Israel, para conhecer sabedoria e disciplina, para entender as sentenças profundas, para adquirir disciplina e sensatez, justiça, direito e retidão" (Pr 1, 1).

A Sabedoria, que nasce ao respeitarmos o Autor da Criação, se manifesta de modo profuso, profundo, abundante no Espírito Santo, e para acessá-la precisamos conhecer a Palavra de Deus — refiro-me à Bíblia, evidentemente — e incorporar sua disciplina ao nosso dia a dia.

Ninguém progride na vida sem disciplina. Nenhum atleta chega às Olimpíadas se não treinar horas a fio. Ninguém consegue vencer sem preparo e reflexão. Um músico não desenvolve seu potencial sem uma extensa carga horária de aulas e aprendizado com orientação adequada.

O discernimento ou entendimento, aquele dom de Deus que se manifesta por intermédio do Espírito Santo e nos ajuda a perceber a origem de nossos pensamentos e a fazer escolhas, também nos acopla aos trilhos da Sabedoria. Nós fazemos nosso próprio destino. Ninguém nasce com o futuro traçado ou com "passagem comprada" para o Céu ou para o Inferno. Da mesma forma, ninguém nasce para ser pobre ou rico, e tampouco para sofrer. Tudo se dá por meio de nossas escolhas, portanto, o livre-arbítrio desempenha um papel-chave em nossas decisões. Embora, como já vimos, tenhamos sido "predestinados para a felicidade", isto é, para a vida eterna em comunhão com Deus, isso é primeiro um desejo, um desígnio de Deus, mas em boa medida também depende de nós, de como vivemos aqui e agora, fazendo escolhas para o bem ou para o mal.

(Vale lembrar que a graça de Deus, por intermédio do Espírito Santo, sempre nos acompanha para optarmos pelo caminho certo.)

Uma das escolhas mais importantes é a dos nossos pares, isto é, aquelas pessoas que nos acompanharão ao longo de nossa jornada. As pessoas com quem nos relacionamos expressam quem somos e, sobretudo, o ponto aonde vamos chegar. Se andamos com pessoas de fé, progredimos. Se o seu par for uma pessoa fuxiqueira, fatalmente você enveredará pelo mesmo caminho. Se escolhermos como pares aqueles derrotados que ficaram em volta da piscina por 38 anos, morreremos em cima de uma maca.

Conta uma fábula que um sapo e uma rosa viviam em um jardim. Eles se amavam e eram amigos. Um dia, a cobra falou para a rosa:

— Nossa, como você pode ser amiga desse bicho tão feio e nojento?

A rosa ficou confusa e disse ao sapo para não lhe procurar mais. Mesmo sem saber o motivo, o sapo foi embora muito triste.

Certo dia, o sapo voltou ao jardim e viu a rosa murcha e sem vida. Aproximou-se dela e lhe perguntou o que havia acontecido. A rosa respondeu:

— Desde o dia em que você foi embora, os insetos me perseguem, e era você quem os comia para mim.

Portanto, devemos nos cercar de pessoas que agregam valores positivos à nossa vida e ajudam a promover o bem, em vez de nos basearmos na aparência física e no status.

Agora, pare e pense: com quem você conversa e se relaciona?

A relação que estabelecemos com determinada pessoa pavimenta a nossa estrada. Se formos unidos na fé, no desejo ardente, e cultivarmos um objetivo em comum, criamos uma força inabalável. Por outro lado, se nos juntamos com maus elementos ou pessoas que só proferem comentários negativos, ficaremos presos nesse pântano.

Por isso, a Igreja recomenda enfaticamente a vida comunitária e a participação em grupos de oração. Muitas pessoas dão testemunhos de que iniciaram essa vivência arrasadas e foram restauradas por completo. É claro que isso se deve à ação de Deus, mas também ao encontro com pessoas que nos levam para a frente. Deus as usa.

Nesse processo, sempre haverá muitos altos e baixos, momentos de aridez espiritual, em que teremos de enfrentar a chamada "noite escura da fé", mas a busca pelo caminho de Deus deve ser incessante. E, por mais percalços que encontremos pelo caminho, não podemos esmorecer. Lembremos as provações que Jesus enfrentou no deserto (cf. Lc 4, 1-13).

Em nossa vida, há momentos de escuridão, nos quais nos perdemos de tal jeito que tudo à nossa volta adquire um contorno sombrio de saudade, dor e até de desespero. Temos como exemplo o filho pródigo (cf. Lc 15, 11-3). Trata-se de períodos em que somos tomados por um sentimento de desolação, mas que não deixam de fazer parte do nosso itinerário para a manifestação da Sabedoria. Uma das provações mais difíceis é precisamente essa que nos faz voltar a Deus pela dor.

Prosseguindo em nosso caminho, a cada novo desafio ou engodo apresentado pelo Inimigo, não podemos agir de forma intempestiva, guiados pela paixão, mas antes pela sensatez, tal qual Jesus também nos ensinou em Sua experiência no deserto.

Infelizmente, nossa realidade prova que o ser humano está cada vez mais insensato. Muitas pessoas não param para pensar, processar informações e analisar as consequências dos seus atos.

Ficam alheias e não querem ver nem ouvir; são incapazes de avaliar os efeitos negativos que uma atitude impensada provocará em suas vidas. Enquanto isso, as coisas à sua volta vão se deteriorando cada vez mais. A insensatez atinge níveis tão elevados hoje que pode ser considerada um fenômeno coletivo, que coloca em risco os pilares mais elementares da civilização humana.

A sagacidade — como já expliquei, Jesus era muito sagaz —, por sua vez, também é um valioso aliado para evitarmos os imbróglios do Maligno. Ao contrário da ingenuidade, que flerta com a inconsequência, a sagacidade é uma virtude que, uma vez adquirida, impede que sejamos levados por aquilo que é circunstancial e que, por isso, nos faz desviar o foco do que é realmente importante, que é o encontro com a Sabedoria de Deus. A capacidade de reflexão tem o mesmo papel, ajuda-nos a manter o foco, assim como as virtudes da retidão e da justiça, citadas no Livro dos Provérbios (cf. Pr 1, 1-4).

Recapitulando os passos necessários para nos levar à Sabedoria, temos:

1. Conhecimento
2. Disciplina
3. Discernimento/entendimento
4. Busca
5. Sensatez
6. Sagacidade
7. Reflexão
8. Retidão
9. Justiça

É interessante observar que a Sabedoria nos leva a compreender tanto a ação de Deus na história quanto a própria Criação. Mais importante ainda é que essa porta não está escondida e é acessível a todos, como bem atestam os Provérbios. Se você quiser, pode pedir a Deus que ilumine o seu processo e desde já começará a melhorar e crescer.

A Sabedoria está em todos os lugares; ela se manifesta num simples pôr do sol, que não é senão um sinal de Deus. Atentar para isso traz muitos benefícios. Quem vive em estado de sapiência se sente realizado, sabe lidar com frustrações, consegue ser resiliente, reescreve sua história, reinventa-se quando necessário e faz brotar o que há de belo dentro de si, mesmo que os outros não o vejam.

O grau de maturidade que a Sabedoria proporciona leva a pessoa a não fazer dos modismos ou da opinião dos outros um referencial em si. As tendências vêm e vão (não por acaso, quem mantém em seu guarda-roupa peças de "mil novecentos e antigamente" ainda hoje pode usá-las, pois vira e mexe voltam a ocupar as vitrines das butiques mais chiques), e os próprios especialistas em moda ensinam que o mais importante é criar o próprio estilo, doa a quem doer. Então, sejamos fiéis à nossa essência interior, que foi pensada por Deus; é nesse campo que reside a verdadeira riqueza.

No Livro de Jeremias, encontramos a seguinte profecia:

> Eis que dias virão — oráculo do Senhor — em que selarei com a casa de Israel e com a casa de Judá uma aliança nova, não como a aliança que selei com seus pais no dia em que os tomei pela mão para fazê-los sair da terra do Egito, aliança que eles mesmos romperam, embora eu fosse o Senhor. (...) Porque esta é a aliança que eu selarei com a casa de Israel. Depois desses dias, (...) eu porei minha lei no seu seio, e a escreverei em seu coração" (Jr 31, 31-34).

Percebamos, como o texto acaba de nos apontar, que nossa emancipação se dá muito mais no plano interior do que no exterior. Nós não vivemos a felicidade porque não a inscrevemos em nosso coração e porque vivemos procurando por ela do lado de fora. O que o profeta Jeremias propõe é justamente o contrário, ou seja, uma Sabedoria íntima de conciliação entre criatura e Criador, amado e amante, homem e Deus, num plano de relação contínuo.

Vale lembrar que nunca alcançaremos a sabedoria plena; esta só compete a Deus. No entanto, podemos nos colocar em sintonia com o divino a ponto de receber fagulhas dessa sabedoria, e esse estado iluminado nos levará à felicidade.

ABANDONE A INSENSATEZ E ALIMENTE-SE DO BANQUETE DA SABEDORIA

Volto ao Livro dos Provérbios para aprendermos a nos alimentar da verdadeira Sabedoria:

A Sabedoria construiu a sua casa, talhando suas sete colunas. Abateu seus animais, misturou o vinho e pôs a mesa. Enviou as suas criadas para anunciar nos pontos que dominam a cidade: "Os ingênuos venham aqui; quero falar aos sem juízo: 'Vinde comer do meu pão e beber do vinho que misturei. Deixai a ingenuidade e vivereis, segue o caminho da inteligência. Quem corrige o zombador atrai ignomínia; quem repreende o ímpio a desonra. Não repreendas o zombador, porque te odiará; repreende o sábio, e ele te agradecerá. Dá ao sábio, e ele se tornará mais sábio; ensina o justo, e ele aprenderá ainda mais. O começo da Sabedoria é o temor do Senhor.' A senhora insensatez é impulsiva, é ingênua e nada conhece. Senta-se à porta da casa, num assento que domina a cidade, para chamar os transeuntes, os que seguem o reto caminho: 'Os ingênuos venham para cá, quero falar aos sem juízo. A água roubada é mais doce, o pão escondido é mais saboroso.'" (Pr 9, 1-10.13-17).

O banquete descrito começa quando Deus constrói a Sua casa com sete colunas ou sete preceitos, pois esse é o número da perfeição. Em seguida, dá início ao banquete da Sabedoria, que Ele nos oferece na condição de Seus filhos. Portanto, somos Seus convidados, e migalhas não são para nós. Eis um ponto crucial deste *coaching*. Temos de começar a internalizar este pensamento: não aceitemos migalhas de amor nem de atenção. Não aceitemos migalhas de ninguém, pois somos filhos de Deus e merecemos nos sentar à mesa!

Para desenvolver o potencial da Sabedoria, a compreensão do conceito do temor também é crucial. Ele nada tem a ver com medo, e sim com o reconhecimento de Deus como Criador, o que implica a necessidade que temos do Pai e a noção da importância do Seu amor por nós. Temos de ser apaixonados por Deus e nos sentirmos atraídos por Ele.

Estar com Deus nos proporciona uma série de vantagens, sendo a maior delas o fato de alcançarmos e vivenciarmos a melhor versão de nós mesmos. O banquete da Sabedoria nos leva a isso. Não obstante, muitas pessoas irrefletidamente optam por se fartar com água e pão no mísero banquete da insensatez. Enquanto o sábio aceita a responsabilidade pelo resultado de suas ações, sejam vitórias ou fracassos, o insensato age sem bom senso, vive dando "chilique" e acredita que a água do vizinho é sempre mais fresca. Não é desejo de Deus que fracassemos. Ele não quer ver ninguém falido, e quando isso ocorre imputamos a Deus uma culpa que Ele não tem. Se estamos no "vermelho", devendo, abrindo falência, Deus é o culpado? Não! Esse seria o discurso dos insensatos.

Abandonemos, pois, a insensatez e assumamos a responsabilidade pelo resultado de nossas ações, pelos nossos fracassos e pelas nossas escolhas.

Estou batendo nesta tecla porque muitas vezes brigamos e nos revoltamos com um Deus criado por nós, e não com Aquele que se revelou à humanidade. As pessoas perdem a fé em razão da maneira equivocada com que se relacionam com Deus. Portanto, não O culpemos por situações adversas ou escolhas erradas. É muito cômodo atribuir nossos erros e fracassos a Ele e os acertos e vitórias a nós mesmos.

O banquete da insensatez conduz a esse equívoco, marcado pela vitimização e pelo vazio eterno. Na vida prática, gera o derrotismo, a falta de motivação e a perda do sentido da vida. E, quando não temos um objetivo, começamos a morrer.

Agora, cabe a cada um de nós questionar: em que mesa estamos nos servindo?

Sei que isso toca na ferida, mas o trabalho do *coaching* espiritual tem de ser provocativo para levar a um despertar verdadeiro. Pergunte-se então, com base no que nos diz o Livro dos Provérbios: participo do banquete da sabedoria ou do banquete da insensatez?

Como disse o profeta Jeremias, temos de deixar Deus escrever em nosso coração; somente assim nos sentiremos realizados com o que viermos a desenvolver. Para quem está completamente preenchido *em* e *com* Deus, comer um simples ovo frito equivale ao melhor churrasco do mundo. As conquistas mais simples lhe bastam. Do contrário, poderemos passar 38 anos oprimidos à espera de uma chance que nunca chega e com a sensação de estarmos sempre num momento desfavorável, acompanhados das pessoas erradas...

Mas não pense que a reflexão que proponho se esgota por aqui: lanço agora o desafio de você levá-la para o seu travesseiro e avaliar em profundidade se a realidade que vive hoje lhe satisfaz plenamente ou se chegou a hora de admitir que a situação não está boa. Reconhecer que não estamos felizes e realizados é o primeiro passo para superarmos esse estado de vazio e encontrarmos um sentido para a nossa vida.

DEIXE AFLORAR O DESEJO DE FELICIDADE E REALIZE

Mesmo quando passamos por provações severas, como o rompimento de uma relação afetiva, a perda de um ente querido e até uma situação financeira de grande vulnerabilidade, temos de seguir adiante e olhar para a frente. Uma casa em ruínas pode, sim, ser reconstruída, se estamos *em* Deus e n'Ele buscamos a felicidade. Pelo Espírito Santo, Ele nos dá essa sapiência.

Todos os dias, nós nos deparamos com o certo e o errado, a água e o fogo, o bem e o mal, e cabe a nós escolher o melhor. Papa Francisco expressa sua rotina de forma muito simples e certeira: "À noite, antes de ir para a cama, recito esta breve oração: 'Senhor, se quiseres, podes purificar-me!' E rezo cinco vezes o 'Pai-Nosso', um para cada chaga de Jesus, porque Jesus nos purificou com as Suas chagas" (*Audiência geral*, 22 de junho de 2016). Que coisa linda, não? De fato, são as pequenas coisas que nos ajudam.

A vida é como um rio, feito de diversos olhos-d'água. Se todos eles secarem, o rio se perderá. A vida só tem sentido quando se transforma num rio caudaloso, que se espraia para outros cursos de água. Eis o sentido da existência: nos unirmos todos em Cristo, no Espírito Santo e na fé. Dessa forma, conseguiremos progredir formando um grande rio, que leva vida ao deserto.

Certamente, um olho-d'água, sozinho, não tem o poder de reavivar um deserto, mas muitos deles formam um rio como o Amazonas, o maior do planeta. E quanto a você: quer se transformar também em uma fonte de água abundante?

A essa altura, você já deve estar inquieto com tantos questionamentos, mas é exatamente este o objetivo do nosso *coaching* da fé: deixá-lo inquieto e ciente da necessidade de tomar uma decisão.

Mas... atenção!

Não confunda as crenças limitadoras com a crença em Deus. Muitas vezes, estabelecemos limites para nós mesmos que não têm nada a ver com os desígnios que Deus traçou. Para começar, temos de entender que o pontapé inicial de todas as realizações já foi dado: Deus nos criou, e isso por si só já é suficiente para embutir em nós um desejo de felicidade, que devemos deixar aflorar. Ou seja, cabe a nós cultivar com afinco a memória desse amor supremo, que nada mais é do que a memória de Deus. Esse estado de espírito é inspirado em nós pelo Nosso Pai. Mais do que querer, precisamos decidir e executar esse movimento em direção a Deus: "Eu quero, eu decido e, pela graça de Deus, eu faço!"

Em nosso íntimo, não podemos perder esse desejo de felicidade, que é, em última instância, um desejo ardente de Deus — o mesmo a que Santa Teresa d'Ávila referiu ao descrever uma flecha de fogo que transverberou em seu coração e fez com que ela iniciasse a Reforma Teresiana, na qual foi muito bem-sucedida. Vale ressaltar que o sentido de sucesso aqui não significa de forma alguma fama ou dinheiro.

Uma vez desejosos da felicidade suprema, aquela que emana de Deus, partamos firmes para a realização. Como você já deve ter entendido, não adianta falar muito; o que importa é fazer. Quem muito fala não faz nada. Não seja você mais um fracassado bom de gogó! Saber utilizar palavras bonitas pode até impressionar num primeiro momento, mas o que conta mesmo é a capacidade de arregaçar as mangas e fazer acontecer.

A propósito, um argumento que ouço muito para justificar o comodismo é o avanço da idade, como se pudéssemos subcontratar a morte como nossa advogada. Isso não é de Deus. Temos obrigação de planejar a vida e estabelecer metas, pois envelhecer é uma bênção. Eu, por exemplo, tenho claro em minha mente e em meu coração que quero ser padre até o fim. Isso implica nunca deixar de celebrar a Santa Missa, dar prosseguimento à obra Evangelizar É Preciso e fazer com que ela se consolide cada vez mais, dentro e fora do Brasil.

E você, qual é a sua meta? Como você se vê daqui a dez, vinte anos?

Quando não temos nenhuma meta, entramos na lista dos derrotados. Sem um norte claro à nossa frente, começamos a perder até mesmo o chão sob os nossos pés e não conseguimos avançar. Com o tempo, desenvolvemos uma ideia fixa de que ninguém mais precisa de nós e passamos a nos deixar de lado, primeiro o corpo — o desleixo com a aparência é um forte indício de autodepreciação —, depois a alma, justamente aquilo que nos conecta com o Altíssimo. É como se, aos poucos, passássemos a nos desprogramar do plano que Deus traçou para nós.

Não podemos deixar que essa morte lenta tome o lugar da nossa vida. Cada dia é uma nova oportunidade de revertermos esse jogo, e não importa a idade que se tem nem o que os outros vão dizer a seu respeito. Cada um é dono de si; então, não peça licença para viver. Viva intensamente e deixe bem claro quais são os seus objetivos!

O desejo de felicidade que vem de Deus e trazemos latente em nós é a força de que precisamos para impulsionar nossas metas e seguir com determinação: "Aprendi a viver na necessidade e aprendi a viver na abundância; estou acostumado a toda e qualquer situação: viver saciado e passar fome, ter abundância e passar necessidade. Tudo posso naquele que me fortalece" (Fl 4, 12-13).

Registre aqui os principais aprendizados obtidos neste capítulo:

_____

_____

_____

_____

Como você vai aplicá-los em sua vida a partir de agora?

_____

_____

_____

_____

Quais elementos do Poder Oculto você descobriu nesta etapa?

_____

_____

_____

_____

Para rezar

Salmo 89

R.: *Saciai-nos, ó Senhor, com vosso amor,*
e exultaremos de alegria!

Ensinai-nos a contar os nossos dias,
e dai ao nosso coração sabedoria!
Senhor, voltai-vos! Até quando tardareis?
Tende piedade e compaixão de vossos servos!

Saciai-nos de manhã com vosso amor,
e exultaremos de alegria todo o dia!
Alegrai-nos pelos dias que sofremos,
pelos anos que passamos na desgraça!

Manifestai a vossa obra a vossos servos,
e a seus filhos revelai a vossa glória!
Que a bondade do Senhor e nosso Deus
repouse sobre nós e nos conduza!
Tornai fecundo, ó Senhor, nosso trabalho.

Glória ao Pai, ao Filho e ao Espírito Santo,
assim como era no princípio, agora e sempre. Amém.

Oração para pedir a Sabedoria (São Tomás de Aquino)

Concede-me, Deus misericordioso,
que deseje com ardor o que Tu aprovas,
que o procure com prudência,
que o reconheça em verdade,
que o cumpra na perfeição,
para louvor e glória do Teu nome.
Põe ordem na minha vida, ó meu Deus,
e permite-me que conheça o que Tu queres que eu faça,
e que o cumpra como é necessário e útil para a minha alma.
Que eu chegue a Ti, Senhor, por um caminho seguro e reto;
caminho que não se desvie nem na prosperidade nem na adversidade,
de tal forma que Te dê graças nas horas prósperas
e nas adversas conserve a paciência,
não me deixando exaltar pelas primeiras nem abater pelas segundas.
Que nada me alegre ou entristeça,
exceto o que me conduza a Ti ou de Ti me separe.
Que eu não deseje agradar nem receie desagradar senão a Ti.
Tudo o que passa se torne desprezível a meus olhos por Tua causa, Senhor,
e tudo o que Te diz respeito me seja caro,
mas Tu, meu Deus, mais do que o resto.
Que eu nada deseje fora de Ti.
Concede-me, Senhor meu Deus,
uma inteligência que Te conheça,
uma vontade que Te busque,
uma sabedoria que Te encontre,
uma vida que Te agrade,
uma perseverança que Te espere com confiança
e uma confiança que Te possua enfim.

Concede-me ser atormentado com as Tuas dores pela penitência,
recorrer no caminho aos Teus benefícios pela graça,
gozar das Tuas alegrias sobretudo na pátria pela glória.
Tu que vives e reinas pelos séculos dos séculos.
Amém.

CAPÍTULO 3

VOCÊ CULTIVA OS DONS DA VIDA E DA FÉ?

S omos o resultado de nossas escolhas, nossas vitórias e nossos fracassos. Vivemos dia a dia, problema a problema, chamados a superar cada um deles a seu tempo.

Recebemos a vida como graça de Deus, mas somos responsáveis por vivê-la, aumentá-la e dinamizá-la. Isso dá trabalho, exige empenho e atenção, o que é de se esperar. Afinal, sem esforço não se vai a lugar algum.

Na verdade, para quem é pessimista a vida é um problema sem solução. Veja bem: em muitos momentos, viver implica, sim, ter de enfrentar problemas... Agora, quem disse que eles não têm solução?

A certeza de que a tempestade passará nos faz enfrentá-la com força redobrada, e é exatamente por isso que nos tornamos capazes de superá-la. Jesus não disse que tudo se resolveria de uma só vez. O que Ele nos garantiu é que nesse mundo teremos grandes preocupações e que quem perseverar até o fim será salvo. A perseverança é uma virtude fundamental para quem quer ser vitorioso.

Então... persevere!

O verbo "perseverar" poderia ser definido como ato ou ação de resolver um problema hoje, outro amanhã e assim por diante, à medida que eles forem aparecendo. Trata-se de enfrentar um leão — isso quando não são dois ou mais — por dia, como diz o ditado. De fato, de vez em quando, Deus nos permite entrar, como Daniel, na cova dos leões, e nesse caso não devemos nos lamentar, mas agradecer (cf. Dn 6, 11-24).

Você pode estar pensando agora: "Nossa, Padre, o senhor gosta de sofrer?"

Não se trata disso, e sim de ressignificar as provações e passar a enxergá-las como oportunidades para sentirmos a ação de Deus em nossa vida. Não somos nós que seguramos a boca dos leões; para isso contamos com Nosso Pai.

Vejamos o exemplo do apóstolo Pedro. Ele foi preso, amarrado com correntes duplas e, embora soubesse que seria julgado no dia seguinte para receber a sentença de morte, dormiu. Quem, numa situação como aquela, conseguiria pegar no sono? Pois foi o que Pedro fez... Ele foi acordado por um anjo e se sentiu confuso, mas logo entendeu que sua liberdade estava nas mãos de Deus, e não na dos homens (cf. At 12, 6ss).

Essa tranquilidade para poder dormir é a mesma que nos possibilita não nos desesperarmos diante dos perigos e das tribulações, e é diretamente proporcional à nossa capacidade de entregar nossos problemas nas mãos de Deus. O amparo do Pai nos dá confiança, nos encoraja a lutar e nos leva à certeza da vitória.

Mas... atenção! Contar com a salvaguarda de Deus não quer dizer que não vamos ter problemas, e sim que há solução. Não quer dizer que não teremos uma doença, e sim que Deus é nosso médico. Não quer dizer que não vamos "balançar", e sim que o Pai é nossa âncora.

POTENCIALIZE O DOM DA VIDA

A vida é um grande dom, mas nós temos de saber POTENCIA-LIZÁ-LO. Para aqueles que não sabem aonde querem chegar, qualquer caminho serve, mas não é dessa forma que vamos potencializar o dom da vida e vivê-la plenos da graça de Deus.

Muitos esperam por uma sequência monótona e linear de afazeres diários, mas não nos iludamos: a vida se caracteriza por um tipo de vibração semelhante à de um instrumento musical, isto é, com toques altos e baixos. Nessa toada, sentir medo, ansiedade, nervosismo e incerteza faz todo o sentido. Evidentemente, essas reações não devem nos paralisar, mas uma pessoa que não manifesta nem uma "pontinha" de ansiedade está levando uma vida estagnada, muito... "borocochô".

Não é preciso nem recomendável agir como se estivesse plugado a uma tomada de 220 volts, mas faz parte da vida reagir aos estímulos. Ouvi de outro sacerdote uma definição interessante e divertida a esse respeito. Segundo ele, existem dois tipos de pessoas: as PP e as GG. PP = preguiçosa e presunçosa, e GG = grande e generosa. No manequim, às vezes batalhamos para sermos P ou PP, mas na vida não devemos ser nada menos que GG.

O risco de fracasso também é um preço a ser pago pela vibração da vida. No entanto, estejam cientes, meu filho e minha filha: mesmo quem se deparou com essa experiência negativa pode convertê-la em algo positivo, e isso é saber viver.

A essa altura, já é possível perceber os sinais do Poder Oculto que está para ser descoberto.

Não tenha dúvida de que, se erramos, ainda restam dois caminhos: 1) tentar retornar e acertar; ou 2) desistir. Ainda que tudo tenha ido por água abaixo, pelas mãos de Deus nós podemos sempre nos reinventar, buscar alternativas, utilizar nossas habilidades para contornar a situação. "Se alguém está em Cristo, é nova criatura. As coisas antigas passaram; eis que uma realidade nova apareceu" (2 Cor 5, 17).

Sei disso porque nasci em uma família de comerciantes, mas Deus não quis que eu me tornasse vendedor de produtos, e sim um mensageiro do bem, totalmente entregue a essa missão sem esperar nenhum retorno financeiro em troca, a não ser anunciar a Boa-Nova e propagar o Reino de Deus. Com esse espírito, administro a obra Evangelizar É Preciso como se fosse minha, mas sei que ela é de Deus. E agradeço imensamente pela minha origem, pois me deu a visão e o tino administrativo necessários para fazer essa obra acontecer. Sou o que sou em virtude da graça de Deus e do meu histórico pessoal, o que também vale para você e para todas as pessoas.

Quando temos um objetivo, devemos buscar os recursos necessários para realizá-lo, e nesse caminho contamos sempre com a ajuda do Nosso Pai. Dizem que Deus ajuda quem se ajuda, e essa é a mais pura verdade: ao ver nosso esforço, Ele nos dá um *upgrade*, para que nos tornemos melhores ainda.

A vida é um grande dom de Deus, mas cabe a mim e a você encontrar os meios de fazer esse dom se concretizar e valer a pena. Viemos ao mundo, e Deus tem um plano maravilhoso para nós. No entanto, não sabemos como realizá-lo, uma vez que não temos um mapa em mãos. Para complicar, nós nos deparamos com a selva que é a própria vida, repleta de obstáculos que precisamos transpor para seguir em frente. Nessa jornada, precisamos ficar atentos e encontrar a melhor forma de chegarmos até Deus. "Aproximai-vos de Deus, e Ele se aproximará de vós" (Tg 4, 8a).

Sabemos qual foi o caminho de Jesus, mas nossa senda é acrescida de fatores limitantes, como as nossas falhas de caráter e a dificuldade de controlar emoções e sentimentos negativos, o que nos faz fraquejar. Costumo dizer que ninguém tropeça nas grandes pedras, pois estas nós avistamos de longe e contornamos. O perigo, ao contrário, está justamente nas pedras pequenas, aquelas com as quais nos habituamos a viver e por isso mesmo são subestimadas ou nem sequer notadas.

Quando chega o momento de escolher uma profissão, por exemplo, existem várias possibilidades. Uma vez tomada a decisão, ela se transforma em nossa meta, e fazemos tudo o que está ao nosso alcance para cumpri-la e vivenciá-la da melhor forma possível. Cada realização, ademais, impulsiona uma nova, assim como empenho gera empenho e fé gera fé. Perceba que não é a satisfação nem a comodidade que devem nos mover. Isso é resultado. O que nos mantém vivos e ativos é o fazer em si. Portanto, não podemos desanimar nunca, quanto mais parar.

ENCONTRE A ROTA DE SUA VIDA EM DIREÇÃO AO PROJETO DE DEUS

Talvez você tenha feito a escolha errada. Afinal, quantos não entram na faculdade e, passados apenas dois ou três meses, desistem? Ou pior: chegam ao fim do curso para só então descobrirem que cometeram um equívoco e não têm vocação ou interesse para atuar naquela área. Nesses casos, certamente houve displicência e falta de autoconhecimento, mas isso não é motivo para entregar os pontos.

Errou? Perdeu tempo? Sim, tudo bem, mas cabe a você refazer o caminho e tentar acertar, em vez de desperdiçar o resto da vida por causa de um erro.

Em situações como essa, já ouvi o comentário: "Deus não me ajudou." Com certeza isso não é verdade! Ele ajuda e sempre manda muitos sinais; nós é que não os percebemos.

Admitir o erro e "puxar" a responsabilidade para a gente não é fácil. Em geral, preferimos acreditar que "Deus quis assim", o que não é uma boa justificativa. Deus quer que cheguemos n'Ele e nos mostra as pistas, mas as decisões são nossas.

Nossa missão, portanto, é ter consciência desse projeto de Deus para nós e ajustar nossa caminhada, lembrando que "o homem imagina muitos planos, mas o que permanece é o projeto de Deus" (Pr 19, 21). Podemos até ter muitos planos paralelos ou "subplanos", contudo, é o desígnio do Senhor que deve permanecer firme e imutável.

Quando saímos da conexão com Deus, muitos são os projetos equivocados que levamos adiante por falta de discernimento ou qualquer outro motivo. No entanto, tenha certeza disto: a única forma de sermos felizes é encontrando o caminho de Deus. Quando isso acontece, automaticamente nos realizamos.

Como já citei antes, isso não quer dizer que não teremos problemas. Pelo contrário, o problema de hoje pode voltar amanhã! Porém, quem venceu uma vez conseguirá realizar a façanha novamente, pois já criou a habilidade da superação. Resolvemos o problema agora e depois pode vir algo pior, mas, ao criarmos o hábito de superação na oração, na Palavra de Deus, saberemos ativá-lo sempre que for necessário. Atitudes e decisões repetidas viram virtudes.

E lembre-se: a cada dia basta seu problema. Como salientou o Mestre: "Portanto, não vos preocupeis com o dia de amanhã, pois o dia de amanhã terá suas preocupações. Basta a cada dia a própria dificuldade" (Mt 6, 34).

Mas, então, a vida é feita de problemas?

Eu diria que a vida é feita de degraus de crescimento, e por isso os problemas não são acontecimentos completamente daninhos. Volto a reforçar que uma vida linear não existe! A linearidade absoluta, sem nenhum tipo de vibração, seria o mesmo que experimentar a morte em vida, o que não é nada salutar.

Meus amigos, não sejam apenas "mais um" no mundo!

Muitos têm em casa um instrumento musical que não utilizam e deixam encostado em algum canto. Por exemplo, um violão. Trata-se de um instrumento que, se bem afinado e tocado por quem sabe fazê-lo, possui uma vibração única, verdadeiramente aprazível, mas que passa completamente despercebido quando deixado atrás de algum móvel e permanece lá criando poeira, sem cumprir sua função. Da mesma forma, nós não podemos tratar nossa vida como um instrumento esquecido em algum canto do mundo.

Não sejamos peças decorativas, portanto, e não permitamos que façam isso conosco, seja no trabalho, seja dentro da nossa casa. Não somos objetos sem uso; nós vibramos, temos desejos, necessidades, sonhos... A vida se realiza por meio de experiências e tentativas, acertos e fracassos, e nunca de apatia e estagnação.

COMPREENDA A RAZÃO DA SUA EXISTÊNCIA

Devemos estar sempre em busca de algo, e tudo nos dá sinais capazes de nos ajudar nessa empreitada (a natureza, as experiências positivas e negativas, o alcance do nosso poder de observação...).

Na prática, isso se dá de várias formas. Podemos aprender com nossas experiências. Não precisamos ser catedráticos — aprendemos com toda e qualquer experiência, positiva ou negativa. Aprendemos, ainda, ao observar a própria natureza, conforme ensina o Livro dos Provérbios. Por exemplo, um excesso de nuvens e ventos aparentemente promete muita chuva, mas nem sempre é o que ocorre (cf. Pr 25, 14). A vida não é uma ciência exata, e a natureza nos ensina isso.

Por que dizem que as pessoas simples são mais aptas para a Sabedoria do que os doutores? Justamente porque uma pessoa muito preparada se vale mais da razão e do conhecimento técnico, enquanto o indivíduo sem tantos "conhecimentos" está mais em contato com seu interior, que tem uma ligação indefectível com a natureza e, sobretudo, com a ação de Deus.

Uma pergunta a se fazer aqui é: o que queremos da vida? Qual é o maior desejo da humanidade?

A resposta a esse questionamento é fundamental, uma vez que diz respeito ao nosso principal alicerce, a razão primordial da vida, que é vivenciar a alegria do relacionamento com o Criador. Repito: o sentido de termos sido criados por Deus vai muito além da nossa concepção e se consuma quando entramos em contato com a pureza do Seu amor. Só que, para isso, cada um precisa desenvolver o autoconhecimento, e não existe manual para isso. Como já assinalei, a vida não é uma tabuada, e o que vale para uns não vale para outros.

Nossa criação é singular e nos faz ter caminhos singulares. Temos necessariamente de conhecer a nós mesmos e saber utilizar nossas habilidades. Acredite, todos nós as temos!

Sugiro aqui um exercício. Diante do espelho, diga para você mesmo quais são as suas qualidades, aquilo que é capaz de fazer e em que costuma se destacar. Deixe de lado as dificuldades e os pontos fracos. Afinal, os outros são muito mais eficientes em apontá-los, não é mesmo? Repare só no que ocorre quando brigamos com alguém. A primeira coisa que a outra pessoa faz é enumerar uma lista de erros e atitudes negativas da nossa parte. Essa competência é realmente do outro, no fim das contas.

Quanto a você, "limite-se" a identificar e verbalizar quais são suas virtudes. Vamos, estou esperando...

Difícil, não é?

Ao contrário do que se imagina, dedicar um bom tempo a cultivar pensamentos positivos e a elaborar um discurso que reforce apenas habilidades e virtudes é muito difícil. Que o diga a imprensa, que só vive de notícia ruim...

Pois é nesse campo da positividade que estão os sinais de Deus. E não é à toa que nos afastamos d'Ele. Por isso, retomo nesta etapa a imagem do "banquete da Sabedoria" e desafio você a registrar aqui DOZE VIRTUDES suas:

1. _____
2. _____
3. _____
4. _____
5. _____
6. _____
7. _____
8. _____
9. _____
10. _____
11. _____
12. _____

Estou ciente do quão difícil é fazer essa lista, mas foi justamente por isso que lancei o desafio. Na Bíblia, o número 12 corresponde à noção de universalidade e perfeição permanente. Uma coisa é certa: quando você conseguir elencar o que pedi, estará muito mais próximo de compreender a razão da sua existência e, portanto, um pouco mais próximo também dos desígnios de Deus. Afinal, você terá autoestima e capacidade de autoafirmação tão elevadas que, diante do desprezo alheio e das tentativas de derrubá-lo, saberá que no fundo esse é um plano da outra pessoa, e não do Senhor. Não se trata de ser arrogante, e sim de fazer algo necessário para a nossa sobrevivência.

Todos os dias, Deus nos dá a chance de usarmos os talentos de que dispomos em prol dos nossos objetivos. Querer, porém, não é suficiente, pois podemos ter sonhos lindos, mas, quando acordamos, nada se concretiza.

Para acolhermos corretamente o dom da vida, precisamos ter um planejamento e agir. "Eu quero, eu realizo": eis a combinação que surte resultado. Um adulto que apenas sonha é uma pessoa imatura. Papa Francisco, ao se referir a São José, recorda que ele era o homem dos sonhos, mas não era sonhador (Homilia de

18 de dezembro de 2018). O sonho tem de se transformar em desejo ardente e atitude.

O Evangelho de São Lucas, no capítulo referente aos discípulos de Emaús, narra o extremo desânimo que tomou conta de todos após a notícia de que o Mestre havia morrido. Eles estavam desnorteados, desanimados, desiludidos, frustrados, cabisbaixos e tudo o mais que não presta. Mas, no momento em que voltavam para casa já conformados com a derrota, eis que chega um forasteiro e questiona o que estavam fazendo. De início, eles imaginaram que o forasteiro não sabia do ocorrido, e por isso tentaram convencê-lo de que tudo estava acabado. É aí, porém, que o jogo se inverte. O forasteiro (na verdade, Jesus) começa a explicar a Palavra e, à medida que o entendimento das Escrituras se restabelece, o desejo volta a arder em seus corações. Munidos desse "querer ardente", eles reconhecem Jesus e, apesar do cansaço de um dia de caminhada, imediatamente partem para a ação e fazem o caminho de volta, regressando a Jerusalém para dar seu testemunho e fazer acontecer o projeto do Mestre (cf. Lc 24).

Ainda que os discípulos de Emaús cultivassem em seu íntimo o sonho de que Jesus estivesse vivo, isso apenas se concretiza a partir do instante em que eles são tomados pelo desejo ardente e partem para a ação. Ou seja, quem vive apenas no plano dos sonhos não realiza! Ao se deparar com a primeira crítica ou alguma outra contrariedade, acaba desistindo.

DIRECIONE SEU DESEJO PARA A REALIZAÇÃO

Quando conhecemos a história de artistas consagrados, como os grandes nomes da MPB, por exemplo, invariavelmente lemos ou ouvimos que eles passaram por muitas dificuldades antes de atingirem o sucesso. Muitos chegaram a dormir na rua e até a passar fome, e todos sempre se mostraram resilientes. Afinal, tinham um desejo maior do que as dificuldades enfrentadas, e por isso venceram.

Então, eu pergunto: por que não direcionar esse desejo ardente para a santidade e para a realização?

O maior desejo da nossa alma é compartilhar da alegria com nosso Amado Criador, e não podemos jamais perder isso de vista. Caso contrário, estaremos fadados à infelicidade.

Lao Zi, filósofo da China Antiga, afirmou que uma longa caminhada começa sempre com o primeiro passo. Talvez, por isso, as pessoas tenham muita dificuldade em iniciar qualquer projeto que exija sair de sua zona de conforto. Por exemplo, quando alguém diz que vai parar de fumar ou de beber, logo é bombardeado com uma enxurrada de comentários negativos, como: "Não vai conseguir", "Não tem jeito", "É um caso perdido" etc. Essas forças contrárias apostam no fracasso antes mesmo de qualquer tentativa! E vou mais longe: mesmo que haja uma recaída, ela é apenas mais uma etapa do processo, e não a perda da batalha. Nunca devemos encarar um deslize momentâneo como uma derrota permanente.

Gostaria de lembrar a passagem do Evangelho a respeito da viúva que decidiu procurar um juiz para resolver sua situação. Ela tinha o desejo ardente de que fosse feita justiça contra seu adversário, foi persistente e, além disso, tomou uma atitude. Por isso, saiu-se vitoriosa (cf. Lc 18, 1-8).

Outro exemplo está na parábola do amigo inoportuno que foi até a casa do outro (amigo) à meia-noite para pedir três pães. Ele se mostrou obstinado em encontrar uma solução para sua necessidade de alimentar seu visitante. Enfrentou dificuldades, é certo, mas isso não o constrangeu nem o impediu de ir em busca de seu objetivo — se não pela boa vontade do amigo, ao menos para que este se livrasse da amolação (cf. Lc 11, 5-8). Na vida, não raro temos de agir com essa obstinação, ou seja, correr atrás das nossas metas, bater à porta das pessoas, pedir e insistir, e não recuar ao nos depararmos com os obstáculos.

Se formos merecedores, Deus nos dará mais, lembrando que a quem muito foi dado muito será cobrado (cf. Lc 12, 48). Se soubermos administrar bem aquilo que recebemos, seremos dignos da confiança de Deus, e Ele nos entregará mais. Parece injusto dar ainda mais para quem já tem, mas a meritocracia que tanto se exalta hoje no mundo empresarial é há muito tempo praticada por Deus. Temos de fazer por merecer.

Perceba a sutileza: não se trata apenas de merecimento, uma vez que, antes de "merecer", eu utilizei o verbo "fazer". Ou seja, estamos nos referindo a empenho, dedicação, esforço contínuo. Deus nos ajuda, sim, mas obrigatoriamente temos que fazer nossa parte.

APRENDA A ALIMENTAR A SUA FÉ... E VOCÊ VENCERÁ!

A fé é um poderoso antídoto contra o fracasso, a covardia e tudo aquilo que nos tira a segurança e o discernimento. Ela ilumina nossa mente e determina a vitória.

Se quisermos nos aprofundar nesse conceito, podemos dizer que a fé é como uma semente, e por isso precisa ser devidamente cultivada para que todo o potencial que concentra em si aflore. Como sabemos, ela já existe nos batizados como virtude teologal, mas cabe a nós desenvolvê-la. Não esqueçamos: vida gera vida, fé gera fé, oração gera oração. Temos, então, uma grande responsabilidade para com nossa fé.

Vivemos em um mundo de aparências, mas aquilo que podemos ver e tocar é apenas a ponta do iceberg. Existe outra realidade que não é aparente, mas interfere de forma decisiva em nossa vida — algo análogo ao que os psicanalistas (e todos nós, popularmente) chamam de inconsciente.

Pois bem, a força que emana da fé vem daquilo que aprendemos, por exemplo, quando estudamos as Sagradas Escrituras, algo que se dá na esfera do consciente. Por outro lado, a fé também é impulsionada e sustentada por algo que não podemos ver ou tocar, mas que é infinitamente mais forte do que todas as máquinas que o ser humano é capaz de construir. Por isso, ouso dizer que a fé vem do consciente, do conhecimento da Palavra, mas se sustenta numa espécie de "inconsciente". Desse modo, precisamos aprender a alimentá-la até mesmo nesse terreno desconhecido.

Uma dúvida inevitável: se a fé foi plantada em nós sem que tenhamos consciência dela, como poderemos acessá-la e desenvolvê-la?

A autossugestão é um dos mecanismos de que dispomos para potencializar nossa fé. Tudo que pensamos e absorvemos por meio dos nossos sentidos é armazenado em nós, e, por isso, quando direcionamos a nós mesmos mensagens negativas ("Não posso", "Não sou capaz", "Sou um fracassado" etc.), elas são devidamente registradas e passam a influenciar nosso modo de pensar, ser e agir. Eis por que é tão salutar nos condicionarmos a proferir orações, jaculatórias, Salmos — enfim, todas aquelas mensagens positivas chanceladas pela Lei do Senhor.

A fé é transformadora. Há dados muito interessantes a esse respeito, indicando os benefícios da fé e da oração diária para a saúde, em especial para o processo de cura. Um estudo realizado numa unidade de tratamento coronário nos Estados Unidos, por exemplo, constatou índices melhores de recuperação em um grupo de pacientes que contara com orações de intercessão a distância. De acordo com diversos levantamentos já feitos, a fé contribui para a diminuição de ocorrências de crises depressivas e até para o aumento da qualidade de vida e da longevidade.

Vale ressaltar que, embora as doenças não sejam da vontade nem da responsabilidade de Deus, Ele nos visita e nos ampara nesse momento difícil. Isso não quer dizer que a pessoa que reza não terá enfermidades, mas, uma vez instaladas, está comprovado que a fé ajuda a enfrentar essa provação, independentemente do resultado final.

Gosto muito de uma passagem do Evangelho que fala sobre uma mulher que sofria de hemorragia havia doze anos. Por causa disso, segundo os valores vigentes na época, ela era considerada impura e vivia excluída. Tendo já gasto tudo o que possuía com médicos, sem, porém, ver melhora alguma, ela ouviu falar de Jesus, e a esperança da cura se acendeu dentro dela, transformando-se em desejo ardente. Ela buscou se informar e soube que o Senhor passaria pela sua cidade, e então se preparou para estar com Ele. Provavelmente pretendia falar-Lhe mais reservadamente, pedir que colocasse Suas mãos sobre ela, mas, quando chegou até o local onde Jesus estava, havia uma multidão ao Seu redor. O plano inicial fracassara, mas ela não desistiu. Ao ver que não conseguiria falar com Jesus, refez toda a sua estratégia e concluiu: "Meu desejo é tanto, minha fé é tamanha, minha convicção é tão grande, que, mesmo que o Senhor nem me olhe, se eu tocar num pedacinho do Seu manto, serei curada."

Imbuída dessa convicção, ela entrou no meio da confusão, deu um jeito de se aproximar de Jesus, tocou na ponta do Seu manto e imediatamente foi curada. Jesus sentiu a força da fé daquela mulher a tal ponto que perguntou: "Quem me tocou?" Aqueles que estavam com Ele acharam aquilo muito estranho, pois todo mundo tocava em Jesus. Ele, então, explicou: "Alguém me tocou, pois senti que uma força saiu de mim" (cf. Lc 8, 43-48).

Percebam o itinerário dessa mulher: fé, esperança, desejo, querer, planejamento, execução, fracasso, reprogramação, atitude, determinação, perseverança e... vitória! Devemos aprender a trilhar esse mesmo caminho.

Como facilitador neste *coaching* da fé, eu garanto: se você está doente ou vai fazer uma cirurgia, é muito importante que realize todos os exames, tome os medicamentos necessários e continue seguindo todas as instruções do seu médico. Não se esqueça, porém, de uma coisa: toque, você também, no manto de Jesus, pois seguramente receberá uma graça — da perseverança, da fortaleza, ou mesmo da cura. Basta que você alimente a sua fé com a certeza de que o nosso DNA é o mesmo do Deus da vitória.

Registre aqui os principais aprendizados obtidos neste capítulo:

_____

_____

_____

_____

_____

Como você vai aplicá-los em sua vida a partir de agora?

_____

_____

_____

_____

_____

Quais elementos do Poder Oculto você descobriu nesta etapa?

_____

_____

_____

_____

_____

Para rezar

Salmo 146

R.: Bendize, ó minha alma, ao Senhor!

É feliz todo homem que busca seu auxílio no Deus de Jacó,
e que põe no Senhor a esperança.
O Senhor fez o céu e a terra,
fez o mar e o que neles existe.

Faz justiça aos que são oprimidos;
ele dá alimento aos famintos,
é o Senhor quem liberta os cativos.

O Senhor abre os olhos aos cegos, o Senhor faz erguer-se o
caído;
o Senhor ama aquele que é justo.
É o Senhor quem protege o estrangeiro.

Ele ampara a viúva e o órfão, mas confunde os caminhos dos
maus.
O Senhor reinará para sempre!
Ó, Sião, o teu Deus reinará para sempre e por todos os séculos!

Glória ao Pai, ao Filho e ao Espírito Santo,
assim como era no princípio, agora e sempre. Amém.

Oração

Senhor, Deus de amor e de bondade,
aumenta minha fé,
purifica minha fé,
purga, no fogo do Teu Espírito, tudo aquilo que torna
minha espiritualidade imperfeita.
Lavai-me das superstições e do ocultismo,
dá-me uma fé reta,
autêntica e amadurecida.
Firma minha esperança,
abrasa-me na caridade.
Dá-me olhos para ver Teus sinais,
dá-me ouvidos para escutar Teus apelos,
dá-me discernimento para compreender Tuas palavras,
dá-me firmeza nos passos para seguir os Teus caminhos.
Senhor, que os dias não passem por mim
sem que eu aproveite cada momento
para perceber a Tua presença.
Faze-me compreender a dádiva do sol
que rompe as trevas,
das cores que saltam aos olhos,
do perfume que exala das flores.
Faze-me perceber a beleza do canto dos pássaros,
da mão que se estende,
do olhar que acolhe,
do coração que aconchega.
Senhor, para que isto aconteça,
liberta-me da prostração das horas cinzentas da vida.
Cura-me e liberta-me de tudo o que impede
o meu crescimento para a santidade.
Amém.

CAPÍTULO 4

QUAL É SUA FONTE DE MOTIVAÇÃO?

Em nossa vida, muitas vezes nos deparamos com pessoas sem perspectivas, que se deixam levar pelos acontecimentos, que não têm motivação alguma. A expressão "piloto automático" ilustra bem esse tipo de comportamento em que agimos ou reagimos de forma mecânica e absolutamente previsível aos estímulos recebidos.

Todos passamos por dificuldades que nos limitam e causam sofrimentos, mas não podemos deixar que o medo aflore e nos impeça de alcançar o máximo do nosso potencial. Nesta etapa de nosso *coaching*, vamos mostrar de que maneira é possível desenvolver a capacidade de motivar-se a si mesmo e conseguir realizar metas, sonhos e objetivos sem depender de estímulos de terceiros, recorrendo primordialmente a Deus e à nossa disposição. Por isso, utilizaremos aqui o termo "automotivação".

A automotivação não vem dos estímulos externos ou de percepções sobre o mundo à nossa volta, e sim da força interior de cada um. Portanto, atua como um complemento da fé, levando-nos a realizar aquilo para o qual Deus nos criou. Sua ausência, portanto, nos impede de concretizar o que é melhor para nós.

NÃO DEIXE DE TOMAR A SUA DOSE DIÁRIA DE ORAÇÃO E FÉ

Muitas pessoas se queixam de que a motivação não dura. Elas começam um projeto com ânimo, mas logo essa disposição enfraquece, e elas se veem tomadas pelo desânimo. A essa constatação, costumo responder com outra, igualmente irrefutável: "Por mais demorado e cuidadoso que seja o banho, ele nunca tem efeito permanente. Por isso, devemos repetir essa ação todos os dias."

Da mesma forma, todos os dias precisamos "tomar uma dose" de motivação, como um antibiótico que, para fazer efeito, deve ser ingerido diariamente e na hora certa. O melhor de tudo é que você não precisa buscar essa motivação no consultório médico, na farmácia ou em qualquer outra fonte de estímulo externo: basta que abra seu espírito para a Palavra de Deus. "A Palavra de Deus é lâmpada para nossos pés e luz para nossos caminhos" (Sl 119, 105).

Isso fará a diferença, como fez na vida do apóstolo Pedro. Aos olhos humanos, ele não tinha o perfil ideal para ser o *Képhâs*, expressão que vem do aramaico e significa "rocha", "pedra". Jesus, porém, enxergava além e viu nele potencial, que o levaria a se tornar o primeiro Papa. Como isso foi possível?

FOQUE PRIMORDIALMENTE NAS SUAS QUALIDADES

Pedro era um homem rude, colérico, sem traquejo, até mesmo violento. Jesus, agindo como o Mestre que é, não ignorou essas "características" petrinas, mas também não as encarou de forma simplista e isolada, e sim dentro de um contexto mais amplo. O fato concreto é que os "defeitos" de Pedro não o impediam de ser um bom pescador, tanto que João e Tiago eram seus sócios — eles tinham uma espécie de cooperativa da qual Pedro era o chefe. Então, Jesus disse:

"Pedro, tu és um bom pescador, meio rude, mas um bom pescador, e eu te quero. De hoje em diante, pescarás homens" (cf. Lc 5, 1-11).

Aonde eu quero chegar?

Pedro tinha muitos defeitos, mas Jesus focou em suas qualidades. É claro que, embora fosse bom pescador, ele teve de aprender muito mais para desempenhar a tarefa de "pescador de homens", e isso não foi nada fácil. Pedro se saiu bem, mas também amargou fracassos — tanto é que, após a ressurreição do Senhor, voltou a pescar peixes, e sem sucesso. De fato, ele lançou a rede e, no transcorrer da noite, nada conseguiu (cf. Jo 21, 1ss).

Você pode questionar: "Mas como alguém pode desaprender um ofício que praticou a vida inteira?" Não se trata de desaprender! Na realidade, Deus havia "ajustado" o foco de Pedro para que ele cuidasse de algo muito mais importante.

Se Deus trabalha com nossas qualidades, devemos ser fiéis a Ele e agir da mesma forma, e assim receberemos mais graças. Portanto, jamais devemos esconder ou subestimar nossos talentos.

TENHA CONSCIÊNCIA DE SUAS LIMITAÇÕES

Voltando a Pedro... Em dado momento ele se deixou dominar pela raiva, pegou a espada e feriu um guarda. Jesus até entendeu seu estado de indignação, mas não aceitou o gesto de violência e mandou que guardasse a arma (cf. Jo 18, 21).

Esse tipo de reação é comum na trajetória de outros santos, que também tiveram de aprender a controlar o próprio temperamento. A raiva não é um problema em si, mas a falta de controle sobre ela, sim, pois pode levar a um agravamento do quadro colérico, evoluindo para a ira — que é um pecado capital — e até mesmo o ódio. Como nos ensina o Eclesiastes: "Controla sempre o teu gênio; é tolice alimentar o ódio" (Ecle 7, 9).

A raiva muitas vezes é um sentimento de indignação compreensível diante de certas atitudes ou acontecimentos que ferem valores e princípios humanos e divinos, como os mais diversos casos de violência e corrupção. Jesus, por exemplo, teve uma reação assim quando presenciou o desrespeito dentro do Templo, a Casa do Pai, e expulsou os vendilhões. Ao agir dessa maneira, o Senhor pecou? Não! A raiva que Ele demonstrou é um sentimento natural, uma indignação sadia de repulsa ao erro. Em relação a Pedro, Jesus também agiu de forma acertada ao "lapidá-lo" até que tivesse condições de se tornar o primeiro Papa, o chefe da Igreja.

São Jerônimo, que traduziu as Sagradas Escrituras para o latim, também era um homem profundamente dominado pela cólera, chegando a ser conhecido como "leão do deserto". Era inteligentíssimo, mas tinha uma personalidade irascível e chegou até a brigar com Santo Agostinho.

Para fazer o seu trabalho de tradução, ele se isolava a ponto de ficar trancado em uma gruta, à qual somente algumas freiras tinham acesso. Ele, porém, não se deixava levar pela arrogância e admitia ter um temperamento difícil: "Deus se valeu desta matéria bruta", costumava dizer ao se referir a si mesmo. Portanto, além de ser capaz de empregar a própria inteligência a serviço da disseminação da fé, ele tinha consciência das próprias limitações, conseguindo dominar a cólera por meio de uma vida de penitência, oração, jejum e isolamento. É tradicional a representação de São Jerônimo com um crânio ao seu lado, cujo objetivo era tornar sempre presente a morte, que acaba com toda vaidade. Foi daí que me veio a inspiração para a capa deste livro.

São Francisco de Sales, por sua vez, também tinha um temperamento forte, mas se mostrou decidido a servir a Deus. Quando o "sangue subia", ele se continha, e todos achavam que nunca se encolerizava. Consolidou, assim, a imagem de um bispo dócil, que converteu praticamente toda uma cidade. É conhecido como o "santo da mansidão".

Sintetizando o que vimos até aqui em nosso *coaching*, podemos afirmar que Deus se vale de nossas qualidades ao mesmo tempo que nos ajuda a dominar nossas imperfeições. O apóstolo Pedro, São Jerônimo e São Francisco de Sales não desistiram de seus objetivos em razão de suas limitações; antes, mantiveram o foco, lutaram, correram atrás e alcançaram o prêmio de quem confia: a eternidade com Deus.

Do mesmo modo, tenhamos consciência de nossas fragilidades, sim, mas também de que Deus vai nos ajudar mesmo assim. Ele faz Sua parte e espera que façamos a nossa também.

DESCARTE AS CRENÇAS LIMITADORAS

A esperança é outra mola propulsora. Quer vencer? Destrua a crença restritiva em você mesmo! Pare de alimentar seu inconsciente com pensamentos negativos e comece a nutri-lo com esperança. Sonhar pequeno requer o mesmo esforço que sonhar grande! Portanto, gaste sua energia com aquilo que de fato permitirá a realização de suas metas mais promissoras.

Em sua audiência geral de 29 de março de 2017, na Praça de São Pedro, no Vaticano, o Papa Francisco citou Abraão como modelo de esperança. Não o apresentou apenas como pai da fé, mas como pai da esperança cristã, que vai além da esperança humana. O Sumo Pontífice perguntou se estamos convencidos de que Deus nos quer bem e está disposto a cumprir tudo aquilo que nos prometeu. O Papa enfatizou, ainda, que o preço que temos a pagar é a abertura do coração.

Abraão foi um combatente obstinado. Recebeu convites desafiadores de um Deus que nem conhecia e, mesmo sem motivos racionais para crer, dedicou-se a cumprir a missão recebida. Tratava-se de algo inimaginável para um homem bem-sucedido, que possuía terras, bens, dinheiro. Mas ele foi além e extrapolou qualquer prognóstico: confiando apenas numa promessa, deixou tudo para trás e partiu com a esposa sem saber para onde estava indo, como um nômade (cf. Gn 12, 1-7).

Todas as nossas escolhas têm um preço, e pouco importa que elas resultem em erros ou acertos, e temos de estar cientes disso. Como disse o Papa Francisco, o preço é a abertura do coração. Para quê? Para viver a realidade com Deus! E cabe a nós nos prepararmos para isso.

Muitas pessoas têm dificuldades para sair de casa e dar um simples passeio. Outras desejam mais que tudo mudar de emprego, por não estarem satisfeitas com o salário ou não se sentirem realizadas, mas não o fazem. Não estou dizendo que não seja necessário avaliar todos os riscos e todas as incertezas, mas ainda assim essas são escolhas que cabem a nós e das quais não podemos nos eximir. Não existe álibi para a existência, e é nossa responsabilidade decidir com confiança n'Aquele que tudo pode. "Confia no Senhor de todo o coração e não te apoies em tua própria inteligência. Lembra de Deus em tudo o que fizeres, e ele te mostrará o caminho certo" (Pr 3, 5-6).

A segunda promessa feita a Abraão era a de que ele teria um filho. Vale lembrar que ele já tinha uma idade avançada, assim como sua esposa, Sara, que além disso era estéril. Mais impressionante ainda é o fato de que se passaram 25 anos entre a graça prometida e sua concretização. Como escreveu São Paulo aos Romanos: "Ele não vacilou na fé, mesmo vendo já como morto o próprio corpo e morto o seio de Sara" (Rm 4, 19). Apesar de tudo, Abraão "acreditou, firme na esperança contra toda esperança" (Rm 4, 18). A afirmação parece sugerir um paradoxo, mas isso é proposital: quer indicar uma esperança sem limites.

Em nossa vida, muitas vezes o cenário atual e as perspectivas futuras não são nem um pouco positivas, mas o que ganhamos remoendo mazelas? Onde está escrito que desejar uma promoção, querer ter uma vida melhor, ter um carro, uma casa própria é errado?

Deus quer ver todos os Seus filhos bem, vivendo com dignidade. Qual é o pai que permite a utilização de "dois pesos e duas medidas" quando se trata do bem-estar daqueles que ele pôs no mundo? Certamente, não o *nosso* Pai. Então, se o sucesso não vem, não é porque Deus quer assim. Talvez seja porque quem busca essa realização pessoal ou profissional ainda não tenha descoberto seus verdadeiros talentos ou não bateu na porta certa. O processo de busca e espera pode ser muito longo — que o diga Abraão! O que não se pode fazer é recuar ou desistir diante da primeira dificuldade.

Outro aspecto que devemos ponderar diz respeito ao mérito das metas que perseguimos. Nesse sentido, buscar a riqueza não como forma de acúmulo de bens e dinheiro, e sim como fonte de bem-estar pessoal, familiar e coletivo é perfeitamente legítimo. Infelizmente, cada vez mais as pessoas ficam constrangidas em simplesmente pronunciar a palavra "rico", em razão da extrema desigualdade que assola nossa sociedade, mas a verdade é que a busca da riqueza não implica pecado algum. Por isso, ela pode e deve estar em nossas orações todos os dias. Segundo a Doutrina Social da Igreja, no Antigo Testamento se percebe uma dupla postura em relação aos bens econômicos e à riqueza. Por um lado, há apreço em relação à disponibilidade dos bens materiais considerados necessários para a vida: por vezes a abundância — mas não a riqueza e o luxo — é vista como bênção de Deus. Na literatura sapiencial, a pobreza é descrita como uma consequência negativa do ócio e da falta de laboriosidade (cf. Pr 10, 4), mas também como fato natural (cf. Pr 22, 2). Por outro lado, os bens econômicos e a riqueza não são condenados pura e simplesmente, mas pelo seu mau uso. Além disso, os bens, ainda que legitimamente adquiridos, devem manter sempre uma destinação universal: é imoral toda forma de acumulação indébita, porque está em claro contraste com a destinação universal consignada por Deus Criador a todos os bens (cf. *Doutrina Social da Igreja*, VII, 323, 328).

A lógica deve ser a seguinte: "Deus quer que eu tenha independência financeira, sim, então vou me esforçar mais, fazer uma especialização, tentar uma recolocação, voltar a estudar..." O que não dá para fazer é rezar e esperar as coisas caírem do Céu. Temos de nos aperfeiçoar naquilo que sabemos fazer e fazê-lo cada vez melhor.

INUNDE A SUA MENTE COM PENSAMENTOS DE VITÓRIA

Outra personagem bíblica do Antigo Testamento, mencionada no Primeiro Livro de Samuel, mais especificamente nos capítulos de 9 a 18, tem muito a nos ensinar. Trata-se de Ana, esposa de Elcana e rival de Penina. Ambas dividiam o mesmo marido, mas Penina sentia ciúmes de Ana por considerá-la a favorita, embora tivesse uma grande vantagem sobre ela: a capacidade de gerar filhos, uma vez que a predileta de Elcana era estéril.

Naquele tempo, a esterilidade era sinal de maldição. Ana carregava no corpo e na alma a ferida do preconceito e da rejeição social. Penina, a "jararaca" da história, não tinha o menor resquício de compaixão e aproveitava toda e qualquer oportunidade para ofender, humilhar e ridicularizar Ana, sempre tocando na ferida da outra mulher.

No entanto, o maior inimigo de Ana estava em seu próprio coração, porque ela se achava amaldiçoada. Um dia, contudo, decidiu que não morreria estéril e foi para o Templo. Lá, Ana permanecia o dia todo rezando. Eli, o sacerdote, chegou a repreendê-la: "Logo cedo encheu a cara, mulher, você está bêbada, está embriagada. Pare de beber, vai para casa!". E ela respondeu: "Não, meu senhor. Não estou bêbada, estou movida pelo Espírito, eu sou uma mulher que sofre. Não bebi vinho nem bebida forte, mas estava apenas me desafogando diante do Senhor Javé. Não pense que a sua serva é dessas que gosta de vadiar. Falei até agora porque estou muito triste e aflita." O sacerdote, então, a apoiou: "Que o Deus de Israel conceda o que você pediu!". Ana foi para casa, comeu e já não era mais a mesma (cf. 1 Sm 1, 12-19).

O que podemos aprender com a história de Ana?

Perceba que na vida sempre tem alguém que faz o papel de Penina e que parece viver para nos aborrecer e até nos prejudicar. No entanto, pense comigo: se essa pessoa existe, é porque Deus assim o permitiu. E, como o que vem de Deus só pode ser bom, então se trata de um desafio para nos fazer crescer. Aqui está o *insight* que nos permite virar essa chave: a maior luta sempre é travada dentro de nós mesmos!

Tudo aquilo que vivenciamos ecoa em nós, como algo que na área musical eu chamo de "memória de ouvido". Sabe aquela canção que fica "martelando" em nossa mente e, sempre que a ouvimos, faz vir à tona determinada lembrança, feliz ou dolorosa? Quando nos damos conta, já fomos transportados para outro lugar. Isso ocorre porque a nossa mente é muito ágil e sofre a influência dos cinco sentidos, por isso basta acionar um deles para seguirmos desfiando um rosário de imagens e sensações. Santo Inácio de Loyola já nos advertiu, em termos dos quais me recordo livremente: "Cuidado com a imaginação, pois a imaginação já é o começo de uma realização."

Por isso, devemos filtrar o que assimilamos, pois nessa fase já está em curso um processo avançado de vitória ou derrota. É bem verdade que os nossos ouvidos estão sempre abertos e que não há como barrar o que eles captam. No entanto, podemos aprender a não "guardar" tudo dentro de nós.

Este não é um *coaching* sobre o poder da mente, e não pretendo ensinar ninguém a programar o próprio cérebro. O que desejo é que nos programemos para receber e potencializar a graça de Deus. A mente nos foi dada por Deus, e é por meio dela que ouvimos: "Tenha fé em Deus, tenha fé em si mesmo." Desse modo, precisamos nos programar para cultivar essa chama e não podemos brincar com nossas escolhas, pois é delas que resultam nossas vitórias e nossos fracassos.

AGUENTE FIRME, E A SALVAÇÃO CHEGARÁ

Movida pela fé, Ana tomou a firme decisão de permanecer no Templo, diante do Altíssimo, até ser ouvida. Com isso, recebeu a graça divina. Ana engravidou e deu à luz Samuel, o Profeta. Depois, ainda teve mais três filhos e duas filhas (cf. 1 Sm 2, 21).

Eis o caminho que todos devemos seguir para alcançar nossos propósitos: buscar a força, o poder que há dentro de nós, e agir em nosso favor.

Quando não havia mais nenhuma instância à qual recorrer no mundo dos homens, ela foi para o Templo e entregou tudo nas mãos de Deus, confiante na Sua graça e misericórdia. Embriagou-se, sim, mas não de vinho nem de cerveja, como fazem as pessoas perdidas e desesperançadas que se tornam prisioneiras do vício, mas de oração e da presença do Senhor.

A vitória na vida de Ana ocorreu justamente quando ela decidiu motivar a si mesma, embora todas as probabilidades lhe dissessem o contrário. Às vezes, a situação é ruim, mas, ao decidirmos "aguentar firme" em meio a um oceano de intempéries, a tábua de salvação aparece.

Para isso, recomendo que você faça a si mesmo as seguintes perguntas:

1. Como anda a minha fé?
2. Como anda a minha motivação?
3. Quais são os pensamentos mais recorrentes que estão influenciando o meu inconsciente?

Veja bem, não estou dizendo que, ao fazer essa reflexão, de uma hora para outra o sofrimento, a dor, o pesar, a amargura e a sensação de vazio vão desaparecer. Ana também passou por tudo isso e não obteve a solução de imediato. Ainda assim, porém, ela decidiu se embriagar de fé na Casa do Senhor e não arredou o pé. Estava tão combalida que poderia ter sucumbido por completo, mas surpreendeu a todos ao deixar de ser a "coitadinha", vítima do destino e das provocações de Penina. Foi ao Templo para obter a bênção que tanto almejava. Chegou a ser mandada embora, mas naquele momento mostrou o quanto estava decidida e alcançou a vitória.

Quando a fé se junta à automotivação, acionamos a vibração divina que existe dentro de nós. Então, poderemos cantar como o salmista: "Tu, ó Senhor Deus, és tudo o que tenho. O meu futuro está nas tuas mãos; tu diriges a minha vida" (Sl 16, 5).

Vida é vibração, e temos de ser vibrantes para atingirmos nossos objetivos. Abraão, Pedro e Ana entenderam isso.

E quanto a você? Já procurou fazer seus pensamentos e suas atitudes vibrarem em uma frequência de fé e motivação, até formarem uma bela sinfonia que chegará aos ouvidos do Senhor?

Nosso manual é a Palavra de Deus! Não tem segredo: tudo o que vimos até agora está comprovado de muitas formas nas Sagradas Escrituras. Lembro, ainda, o exemplo de Santo Agostinho, que antes de sua conversão vivia como um boêmio, e de Santa Pelágia, a Penitente, que um dia foi uma cortesã entregue a prazeres impuros. Eles não nasceram santos — como, ademais, ninguém nasce —, mas isso não foi impedimento para que atingissem alto grau de santidade.

Costumo dizer que é preciso apenas um salto para nos projetarmos no abismo da descrença, do desencanto e da ociosidade religiosa, mas uma longa caminhada até atingirmos o topo da montanha e nos colocarmos na presença do Senhor. Só cabe a nós a decisão de aguentar firme e prosseguir nessa escalada. Uma certeza, porém, não podemos deixar de ter: o final não é aleatório e trará exatamente a realização em Deus.

Registre aqui os principais aprendizados obtidos neste capítulo:

_____

_____

_____

_____

_____

Como você vai aplicá-los em sua vida a partir de agora?

_____

_____

_____

_____

_____

Quais elementos do Poder Oculto você descobriu nesta etapa?

_____

_____

_____

_____

_____

Para rezar

Salmo 33

R: *Sobre nós venha, Senhor, a vossa graça,*
pois, em vós, nós esperamos!

Pois reta é a palavra do Senhor,
e tudo o que Ele faz merece fé.
Deus ama o direito e a justiça,
transborda em toda a terra a Sua graça.

Mas o Senhor pousa o olhar sobre os que O temem,
e que confiam esperando em Seu amor,
para da morte libertar as suas vidas
e alimentá-los quando é tempo de penúria.

No Senhor nós esperamos confiantes,
porque Ele é nosso auxílio e proteção!
Sobre nós venha, Senhor, a Vossa graça,
da mesma forma que em Vós nós esperamos!

Glória ao Pai, ao Filho e ao Espírito Santo,
assim como era no princípio, agora e sempre. Amém.

Oração

Senhor, que jamais desistamos de Te seguir,
que jamais deixemos de ter esperança de um amanhã melhor.
Pois, se estás conosco,
lançaremos nossas redes quantas vezes forem necessárias,
sempre no otimismo de que conseguiremos
tudo a que almejamos
enquanto estivermos unidos a Ti
e vivendo a Vossa vontade:
sabes sempre o que é melhor para nós.
Senhor, dá-nos uma entrega sincera,
um abandono sincero e uma confiança total em Ti,
pois nada Te entristece mais
do que ver-nos descrentes em
Teu santíssimo e perfeitíssimo amor.
Senhor, percebo que não valorizo a paz
quando não passo antes pela dor.
Ensina-me a ser sempre grato(a),
não me detendo no que me falta,
mas em tudo o que me concedes
por Tua imensa bondade.
Que, após a dor de um santo calvário,
eu conheça a alegria de uma feliz e santa ressurreição.
Amém.

Capítulo 5

Sua conduta é assertiva?

Começo a quinta etapa do nosso treinamento na fé com uma pergunta incômoda: quem nunca adiou o que tinha para fazer? Quem, seja na família ou fora dela, não conhece pessoas que fazem isso com frequência?

Todos nós, com certeza.

Existe até uma máxima segundo a qual o brasileiro costuma resolver suas pendências sempre na última hora. Chamamos de "procrastinação" esse costume de prorrogar a realização de tarefas. Trata-se do famoso "depois eu faço", do corriqueiro "deixa para depois".

O adiamento pode até parecer inofensivo, mas, quando essa prática se torna recorrente, pode desencadear danos concretos, como baixa produtividade, comprometimento de resultados e prejuízos financeiros, sem falar no constrangimento pessoal relacionado ao sentimento de culpa e vergonha.

Entre as razões que podem levar à procrastinação, estão a falta de motivação, a insegurança, o medo de falhar, o medo do desconhecido, o mau gerenciamento do tempo, o desânimo, a ansiedade e a preguiça. Não por acaso, esta última é um pecado

capital. Costumo dizer para minha equipe que a palavra "preguiça" não existe no meu dicionário. Aceito qualquer desculpa, menos essa. Não vou dizer que nunca adiei uma tarefa, mas posso
garantir que jamais o fiz por preguiça.

Precisamos entender que há muitas razões ocultas para agirmos de maneira pouco assertiva, e em boa parte das vezes nós
mesmos nos autossabotamos.

Parece confuso, não? Como eu posso trabalhar contra o meu
próprio sucesso?

Mas, meu filho, minha filha, acredite: é isso mesmo o que
costumamos fazer, por vezes sem sequer notar. A graça de Deus
chega até nós, mas, por razões que descobriremos juntos aqui,
adiamos a iniciativa de buscá-la em nossa vida.

PARE DE PROCRASTINAR

Zacarias era sacerdote e marido de Isabel, a prima de Maria.
Ele prestava serviços no Templo, e enquanto estava lá um
Anjo do Senhor lhe apareceu e disse que sua prece tinha sido ouvida: sua esposa Isabel daria à luz um filho, que se chamaria João.
O mensageiro exaltou o caráter maravilhoso da graça recebida,
ressaltando que esse filho seria grande diante do Senhor e, desde
o ventre, estaria pleno do poder do Espírito Santo, o que lhe per-
mitiria converter muitos e preparar o caminho para Jesus.

O sacerdote, no entanto, reagiu com desconfiança e perguntou ao Anjo como poderia saber se a Boa-Nova era verdade,
pois ele e Isabel estavam em idade avançada. Zacarias praticamente pediu uma prova do milagre concedido. Contrariado
— costumo brincar que o mensageiro do Senhor deve ter pen-
sado: "Que velho abusado!" —, o Anjo declarou que, por não
ter acreditado, Zacarias ficaria mudo até que a graça se concre-
tizasse (cf. Lc 1, 8-20).

Quem apareceu para Zacarias foi Gabriel, o mesmo Anjo que anunciaria a Maria a notícia de que ela fora escolhida para ser a mãe do Salvador. Ao contrário de Zacarias, porém, a Virgem acreditou. Tudo o que fez foi ponderar: "Como se dará isso, pois não conheço homem algum?" Não obstante, diante da explicação do Anjo, ela prontamente demonstrou toda a sua disposição: "Eis a escrava do Senhor. Faça-se em mim segundo a tua palavra" (cf. Lc 1, 26-37).

Agora, pare e responda: diante da visita do Anjo, qual seria a sua resposta? Aquela dada por Zacarias ou por Maria?

Muitas vezes, diante de uma boa notícia, nós duvidamos, não é verdade? Mesmo quando rezamos muito e somos atendidos, pedimos uma prova de que somos, de fato, os destinatários da graça.

Zacarias estava em um lugar sagrado, mas duvidou. Isso implicou "adiar o recebimento da graça" e, consequentemente, a mudança que se fazia necessária em sua vida. Isso parece óbvio quando comentamos ou lemos sobre as atitudes de terceiros. Mas, quando olhamos para nós mesmos, a "ficha" demora mais para cair. Permita-me, então, perguntar diretamente: quantas vezes você deixou para amanhã, para depois de amanhã ou para o ano que vem aquela iniciativa que só depende de você? Normalmente, saímos pela tangente com aquela clássica desculpa: "Semana que vem eu faço"; "Ano que vem eu começo"; "Como essa tarefa é difícil, vou postergar..."

Muito mais difícil do que pronunciar a palavra "procrastinar" é admitir que a maior parte da responsabilidade por aquilo que deixamos de realizar e conquistar em nossa vida tem de ser colocada na conta da nossa mania de "empurrar com a barriga". Sim, somos nós que, invariavelmente, adiamos o perdão, as demonstrações de amor ao próximo e a aproximação de Jesus. Quem, pois, está agindo como o maior amigo do fracasso, do insucesso e da mediocridade?

OPERE UMA MUDANÇA DE VIDA HOJE

Acredito que se o "capeta" tivesse mandamentos, o primeiro seria: "Nunca faça hoje aquilo que você pode deixar para fazer amanhã ou depois de amanhã." Sem dúvida, essa é uma área de grande interesse do Inimigo, pois procrastinar as decisões espirituais e pessoais pode nos custar muito caro.

Para combater esse mal, evoco aqui o exemplo de Santo Expedito, muito requisitado por ser o "santo das causas urgentes". Esse título lhe foi merecidamente atribuído em razão de um episódio que ocorreu durante seu processo de conversão. Na ocasião, o Espírito Maligno apareceu em forma de corvo grasnando *Cras, cras, cras!*, que, em latim, significa "Amanhã, amanhã, amanhã!". Eis a sugestão do Tinhoso: "Não tenha pressa! Agora não! Deixe para amanhã! Adie sua conversão!"

Expedito, que não era bobo, percebeu a jogada do Enganador e, no mesmo instante, pisoteou o corvo e o esmagou. Ao fazê-lo, gritou *Hodie!*, isto é, "Hoje!". Portanto, busquemos nosso *upgrade* imediatamente. Nada de procrastinar!

Em nossa vida, precisamos exterminar o "corvo" que nos aconselha a deixarmos qualquer tarefa, seja algo trivial ou mais "cabeludo", para depois. O amanhã pode nunca chegar.

Há um ditado popular muito sábio que afirma: "Só não erra quem não faz." Com fé, deixemos de lado a preguiça e o medo de errar e façamos nossa mudança hoje. "O caminho do preguiçoso é cercado de espinhos, mas a trilha dos retos é estrada plana" (Pr 15, 19).

Isso me fez lembrar os ensinamentos do Padre Odilon, que, imbuído da sabedoria adquirida nos seus 88 anos de vida, sempre repetia em suas homilias: "Pior do que fazer o mal é deixar de fazer o bem." Não se trata de um simples jogo de palavras, mas de uma crítica contundente ao hábito que temos de "lavar as mãos" ou nos mantermos inertes em vez de tomarmos uma atitude. Afinal, muitas vezes o mal também pode ser consequência da palavra que calamos ou do gesto que sonegamos. O bem é fruto da escolha e da ação direta, contínua, voluntária. Quem adota uma criança, por exemplo, escolheu exercer a maior de todas as missões, que é formar uma família.

Desse modo, não procuremos desculpas para procrastinar nossas boas ações. Se nos planejamos, fazemos acontecer.

Outro exemplo muito emblemático nos dias atuais é a promessa de iniciar um regime na próxima semana, depois de um feriado ou no começo do ano. Nunca nos propomos a fazer hoje, agora, e isso é um forte indício de que nossa vontade está fragilizada. Por não estarmos verdadeiramente convencidos, seguimos arrumando desculpas: "Não tenho condições de fazer uma comida mais saudável", "Preciso de um tênis *top*, bom para fazer caminhadas" etc. Esses falsos argumentos nos levam a procrastinar à revelia das adaptações possíveis e dos recursos disponíveis naquele momento. Ora, ainda que seja apenas por um tempo, um tênis inferior servirá ao mesmo propósito que aquele da marca mais cara. Nada justifica adiarmos decisões que proporcionarão algo de positivo para nós mesmos.

Isso também vale para iniciativas como parar de beber ou fumar. Minha recomendação, pois, é que você estabeleça um objetivo ideal: "Vou estar livre desse vício em um ano." E não pare por aí. Defina, dentro desse objetivo ideal, pequenas metas que lhe permitirão chegar até ele: "Quero entrar em forma, e meu primeiro passo será não comer doce e diminuir o pão. Também vou caminhar todos os dias, pelo menos um quarteirão. Depois, vou aumentando, até conseguir andar regularmente vários quilômetros."

Esses são exemplos corriqueiros que valem para todas as áreas da nossa vida, inclusive a profissional. Para *rigorosamente* tudo, temos de estabelecer metas, planejar, tomar atitudes e realizar. Se pararmos, nunca conheceremos o gosto da vitória.

Mas, atenção: perceba a importância do planejamento nesse processo. Você já ouviu dizer que os relacionamentos mais bem-

-sucedidos são aqueles que caminham devagar, um degrau de cada vez, enquanto se saboreia o prazer de cada descoberta? Hoje em dia, no entanto, tudo é feito na pressa; há casais que vivem cinquenta tons do relacionamento em cinco minutos e, depois, não querem mais saber um do outro. Exagerar na dose é o mesmo que não tomar remédio algum, com o agravante de adquirir uma intoxicação medicamentosa.

Lembre-se: nunca deixe de agir, mas viva um dia de cada vez e sem medo do amanhã. O "não" nós já temos! Corramos, portanto, atrás do "sim", e com a certeza de que seremos vitoriosos.

Talvez isso não faça muito sentido ainda, mas acredite: o Poder está dentro de você. Ele se mantém oculto e pode até parecer inexistente, mas ainda assim preserva toda a sua potência.

NIVELE O SEU DESEJO PELO "ALTO"

De acordo com Santo Agostinho, embora a alma seja superior ao corpo e tenha sido criada para nos conduzir à prática do bem, ela pode ser perturbada pelos nossos desejos, sobretudo quando eles são dominados por interesses mesquinhos ou de ordem predominantemente material e carnal. Contudo, os bens e prazeres do mundo não podem contentar o espírito humano, que somente se realiza em plenitude quando se encontra com Deus.

Por exemplo, ao comprarmos mais uma blusa, ficamos contentes, mas essa é uma alegria passageira, e logo queremos outra. A publicidade é mestra em manipular nossos desejos, apelando aos nossos cinco sentidos, isto é, aquilo que vemos, ouvimos, tocamos, sentimos e provamos, para despertar uma vontade incontrolável na gente de levar determinado produto para casa. Isso é muito comum ao passearmos pelo shopping, onde a compra por impulso é estimulada já nos corredores, com aquele cheirinho agradável que eles costumam chamar pelo nome metido de *par-fum d'ambience*.

Todavia, tudo não passa de uma estratégia para estimular as vendas. Não tenho nada contra o trabalho dos marqueteiros. O problema é quando isso gera uma vontade insaciável de consumir, como se ela pudesse preencher nossa falta de felicidade. É para isso que Santo Agostinho alerta: não podemos focar nossa felicidade em coisas perecíveis, e isso exatamente porque ela só terá a duração desses mesmos itens, ou até menos! Voltemos, portanto, nosso desejo para o Eterno.

Conta-se que, quando estava para morrer, Alexandre, o Grande, rei da Macedônia e considerado o maior líder militar da Antiguidade, deu três ordens expressas ao mais fiel dos seus generais, as quais deveriam ser cumpridas imediatamente após sua morte: que seu caixão fosse transportado pelas mãos dos melhores médicos da época; que todos os tesouros conquistados fossem espalhados pelo caminho até seu túmulo; e que suas mãos ficassem visíveis a todos durante o cortejo.

Surpreso, o general questionou o rei sobre os motivos por trás de desejos tão incomuns, ao que Alexandre teria dado a seguinte explicação: "Primeiramente, quero que os médicos mais eminentes carreguem meu caixão para mostrar que eles não têm poder de cura perante a morte. Em segundo lugar, faço questão de que o chão seja coberto pelos meus tesouros para mostrar que os bens materiais aqui conquistados aqui permanecem. E, por fim, quero que minhas mãos balancem ao vento para mostrar que de mãos vazias viemos e de mãos vazias partimos."

Seja apenas uma anedota ou não, trata-se de um discurso sábio. É claro que, como já afirmei aqui, não há nada de errado com a riqueza em si; o problema é tê-la como fim último ou desejo prioritário, pois, se assim for, nossa alma perde a paz e sofre.

Embora os desejos nos impulsionem a crescer e a buscar a felicidade, temos de tomar cuidado para não agirmos sem pensar, pois essas atitudes imprudentes podem interferir em nossas decisões ou até mesmo determiná-las, mudando por completo o rumo de nossas vidas. Uma narrativa bíblica que ilustra as consequências de um breve desejo é a história de Esaú e Jacó, filhos gêmeos de Isaac e Rebeca (cf. Gn 25, 24-34). Esaú era um caçador hábil, e seu pai o admirava, enquanto a mãe tinha mais afinidade com Jacó. Um dia, Esaú voltou do campo faminto e esgotado. Jacó estava preparando um cozido de lentilhas com um cheiro delicioso. Naquele instante, Esaú desejou aquela comida mais do que qualquer outra coisa. Então, Jacó negociou a comida em troca da riqueza que receberia pelo fato de ser o primeiro filho, e Esaú aceitou. Desse modo, num impulso que satisfaria apenas um desejo momentâneo, Esaú vendeu por um prato de lentilhas sua primogenitura e todas as bênçãos decorrentes dela, algo que depois o levou a um profundo arrependimento.

E quanto a nós? Somos reféns de nossos desejos? Inquietamos nossas almas com coisas perecíveis e esquecemos o imperecível, o Sumo Bem, Deus?

Dizem que, ao chegarem às aldeias indígenas, os colonizadores ofereciam espelhos aos nativos em troca de ouro. Há quem atribua o desnível no valor dos bens intercambiados à má-fé dos colonizadores ou à ignorância dos indígenas, mas eu prefiro acreditar que cada um dá o que tem de melhor. Os astecas, por exemplo, conheciam o valor do ouro e faziam questão de ofertá-lo. Não menciono essa discrepância para retomar a discussão histórica sobre a espoliação das antigas colônias pelos seus conquistadores, e sim para reforçar que não devemos agradar nossa alma com meros espelhos, quando é do brilho dourado da presença de Deus que nosso espírito sedento mais precisa. "Ó Deus, tu és o meu Deus, eu te procuro. Minha alma tem sede de ti, minha carne te deseja com ardor, como terra árida, esgotada, sem água" (Sl 63, 2).

Da mesma forma, o Evangelho de São Mateus narra o encontro de Jesus com o jovem rico, que queria saber o que fazer para ganhar a vida eterna. O Senhor respondeu: "Vá, venda tudo o que tem, dê o dinheiro aos pobres e você terá um tesouro no Céu. Depois venha e me siga." O jovem ficou triste e desistiu, pois, apesar de desejar a vida eterna, não queria se desfazer de sua fortuna (cf. Mt 19, 16-22). Infelizmente, o desejo da vida eterna e do encontro com Deus não era maior que seu apreço pelas coisas mundanas, e ele se perdeu.

À luz desses exemplos, devemos sempre questionar: "Para onde estão voltados meus desejos hoje? Qual é a fornalha ardente que me motiva?"

Liste brevemente quais são os seus três maiores desejos e avalie com cuidado se a satisfação que eles podem trazer é apenas momentânea, se está atrelada aos prazeres mundanos, se de fato propiciarão conforto à sua alma, cuja alegria está em se conectar com o divino. Apesar de Deus não ser um "estraga-prazeres", um destruidor de sonhos, justamente por ser um Pai justo e amoroso Ele nos concederá apenas aquilo que for melhor para nós. Não hesite em tomar uma atitude mais assertiva e em mudar o foco do seu desejo ou busca com base nessa certeza. Nossa alma jamais deve ser subvalorizada por desejos menores, pois o potencial dela é infinito e pertence ao Eterno.

Como nos disse o salmista: "Coloca no Senhor o teu prazer, e Ele dará o que teu coração deseja" (Sl 37, 4).

Registre aqui os principais aprendizados obtidos neste capítulo:

_____

_____

_____

_____

_____

Como você vai aplicá-los em sua vida a partir de agora?

_____

_____

_____

_____

_____

Quais elementos do Poder Oculto você descobriu nesta etapa?

_____

_____

_____

_____

_____

Para rezar

Salmo 126

R.: *Maravilhas fez conosco o Senhor,*
exultemos de alegria!

Quando o Senhor reconduziu nossos cativos,
parecíamos sonhar;
encheu-se de sorriso nossa boca,
nossos lábios, de canções.

Entre os gentios se dizia: "Maravilhas
fez com eles o Senhor!"
Sim, maravilhas fez conosco o Senhor,
exultemos de alegria!

Mudai a nossa sorte, ó Senhor,
como torrentes no deserto.
Os que lançam as sementes entre lágrimas
ceifarão com alegria.

Chorando de tristeza sairão,
espalhando suas sementes;
cantando de alegria voltarão,
carregando os seus feixes!

Glória ao Pai, ao Filho e ao Espírito Santo,
assim como era no princípio, agora e sempre. Amém.

Oração de Santo Expedito

Intercedei por mim junto ao Nosso Senhor Jesus Cristo.
Vós que sois um Santo Guerreiro,
vós que sois o Santo dos Aflitos,
vós que sois o Santo dos Desesperados,
vós que sois o Santo das Causas Urgentes,
protegei-me, ajudai-me,
dai-me força, coragem e serenidade.
Atendei ao meu pedido *(pedir a graça desejada)*.
Ajudai-me a superar estas horas difíceis,
protegei-me de todos os que possam me prejudicar,
protegei a minha família,
atendei ao meu pedido com urgência.
Devolvei-me a paz e a tranquilidade.
Serei grato pelo resto de minha vida
e levarei vosso nome a todos os que têm fé.
Santo Expedito, rogai por nós.
Amém.

Capítulo 6

Como vai sua capacidade de decisão?

Quando uma criança nasce, desejamos que tenha saúde, felicidade, bom caráter, entre outras qualidades. Geralmente é a mãe quem cuida do enxoval do rebento, que sempre é acrescido de uma nova peça à medida que o filho cresce. É comum providenciar roupas maiores, já contando que a cada mês ele estará maior e perderá algumas peças. Essa reposição constante faz parte da dinâmica do desenvolvimento infantil, e há mesmo de ser assim; caso contrário, isto é, caso a criança não cresça nesse ritmo, é preciso recorrer a tratamento médico.

Trata-se de um processo natural! Afinal, o que não se desenvolve morre. Na vida espiritual não é diferente, ou seja, se não crescermos para a salvação, acabaremos sucumbindo.

De fato, somos chamados a crescer o tempo todo, e esse crescimento é de importância fundamental. Mas, para isso, precisamos tomar a decisão de crescer. No caso da compleição física, tudo se dá naturalmente e não demanda muito esforço: basta ingerir alimentos adequados, exercitar-se com regularidade e dormir o número de horas recomendado. Para espanto geral, costumo dizer que, ao contrário do que se imagina, crescer para a salvação requer dedicação, mas nada que não caiba em nossa rotina.

Pessoalmente, tenho a impressão de que não crescer exige até mais esforço da nossa parte, uma vez que, relembrando as palavras de Santo Agostinho, nosso espírito foi criado por Deus e necessita estar perto d'Ele para se alegrar e se desenvolver. Desse modo, romper com essa tendência natural da alma é o que provoca os maiores desgastes.

Isso não significa que não enfrentaremos grandes desafios para nos aproximarmos de Jesus. Por isso, a partir desta etapa do nosso *coaching*, proponho que você desenhe em sua mente a imagem de uma ponte.

Exemplo:

Digamos que você consiga avistar, ainda que muito de longe, o ponto exato em que vai realizar o maior anseio da sua alma: o encontro com Jesus. Parece fácil chegar até lá, mas não é.

Há pessoas que ficam presas do lado de cá da ponte e nele permanecem a vida inteira, apequenando-se cada vez mais por não alcançarem o plano mais elevado da vida. Isso, repito, é uma agressão contra a própria alma, pois sua criação é divina; somos filhos de Deus e temos necessidade de estar com Ele.

Do ponto em que estamos, avistamos nossa glória e sabemos exatamente aonde temos que chegar para alcançá-la, mas atravessar essa ponte é uma decisão nossa, depende da gente. Gravei uma música cuja letra traz um trecho que descreve exatamente esse momento:

Chegar ao melhor que você pode ser.
Deixar dentro de si a primavera florescer.
Ninguém pode te ferir, ao menos que você dê permissão.
Ser feliz também é luta, é uma escolha, é decisão.

TURBINE SUAS ESCOLHAS COM O PODER DA IMAGINAÇÃO

Deus é tão sábio que criou um "laboratório portátil" onde podemos tornar os nossos propósitos mais fecundos. E, pasmem, esse laboratório é a nossa própria imaginação.

Nossa mente é uma verdadeira oficina, e nela a imaginação se destaca como uma ferramenta poderosa, para o bem ou para o mal. Podemos crescer espiritualmente ou nos afundar nos pântanos do Inferno. É por meio da imaginação que damos forma aos nossos pensamentos e às nossas ideias, tornando concreta a capacidade de executá-los.

Para compreendermos melhor a importância da imaginação, volto a citar o exemplo de Santo Inácio de Loyola. Ele seguia a carreira militar e era um homem afeito às vaidades do mundo, quando então, aos trinta anos, na Batalha de Pamplona, ocorrida no século XVI, uma bala de canhão atingiu suas pernas.

Em razão desse grave ferimento, Inácio ficou um longo tempo em recuperação e passou a ler sobre a vida de Cristo e de vários santos. Como não podia sair da cama, ele as relia muitas vezes, e sua mente viajava, imaginando como teria sido a vida de todos aqueles santos.

De início, as histórias se misturavam com os assuntos do mundo aos quais ele costumava se apegar, mas com o tempo a imaginação o ajudou a se libertar, e Santo Inácio voltou-se integralmente para as coisas de Deus. Imaginava-se indo até Jerusalém, e esses pensamentos tinham o poder de consolá-lo, fazendo com que se sentisse mais sereno e contente. Nesse momento, ele compreendeu que fora tocado pela graça de Deus e, uma vez curado, decidiu abandonar a vida militar e tudo o mais para se dedicar exclusivamente ao Senhor.

Podemos afirmar que a "repetição inaciana", desenvolvida nos *Exercícios espirituais* de Santo Inácio de Loyola e na qual a imaginação ocupa papel crucial, é uma espécie de metodologia para entrar em contato com Deus. Apresento-a, portanto, como sugestão para o crescimento espiritual.

Vale lembrar que o foco também é muito importante no campo da imaginação. Portanto, quando elevamos nossos pensamentos, não podemos deixar que eles sejam "contaminados" por traços do Maligno, ou mesmo pela mundanidade. Deus caprichou ao nos dar o livre-arbítrio, além de algo muito especial que também não foi dado a nenhum outro ser vivo: a consciência. É aí que o físico e o espiritual se encontram, e todo e qualquer ruído nessa composição pode causar mal-estar. A sensação de confusão, os pesadelos e as insatisfações constantes nada mais são do que o reflexo do Inferno que construímos em nosso interior e da consequente perda da paz divina original.

Podemos superar isso e dar um passo adiante, conectando-nos com a força vital de Deus que existe dentro de nós, pois todos somos chamados por Ele a crescer espiritualmente, como indivíduos a caminho da salvação.

NÃO SE ISOLE

O livro dos Atos dos Apóstolos descreve assim a primeira comunidade formada sobre a terra:

Eles eram perseverantes na comunhão fraterna ao partir do pão, nas orações. Em todos eles havia temor, por causa dos numerosos prodígios que os apóstolos realizavam. Todos os que abraçavam a fé eram unidos e colocavam em comum todas as coisas, vendiam as propriedades e seus bens, repartiam o dinheiro entre todos, conforme a necessidade de cada um. Diariamente, todos juntos frequentavam o templo, repartiam o pão e louvavam a Deus (At 2, 42-47).

Essa comunidade perfeita retratada nos Atos dos Apóstolos não é uma utopia: ela foi e ainda pode ser real. A própria palavra "comunidade", formada pela junção de "comum" e "unidade", já diz tudo. Precisamos uns dos outros para viver, o que também implica trocar experiências de fé. É claro que isso deve acontecer em nossos lares, com os familiares, mas não só. É preciso expandir essa troca para o nível comunitário, tentando ao máximo tornar realidade os objetivos comuns, indo além do individualismo.

Conta uma parábola que, numa remota era glacial, quando todo o globo terrestre estava coberto por densas camadas de gelo, muitos animais não resistiram ao frio intenso e morreram. Foi então que uma grande manada de porcos-espinhos, na tentativa de se proteger e sobreviver, começou a se aproximar cada vez mais.

Dessa forma, cada um podia sentir o calor do corpo alheio: juntos, todos se aqueciam, enfrentando com mais resistência as agruras do inverno.

Todavia, os espinhos começaram a ferir o corpo daqueles que forneciam mais calor, em virtude da proximidade, e logo os animais começaram a se dispersar, por não suportarem os espinhos dos seus semelhantes. A dor era brutal.

Com o tempo, porém, acabaram percebendo que aquela não era a melhor solução: uma vez separados, pouco demorou para que começassem a morrer congelados. Os sobreviventes, então, voltaram a se aproximar pouco a pouco, com diversas precauções, e de tal forma que, mesmo unidos, era mantida certa distância mínima entre cada integrante da manada, o que lhes possibilitava conviver sem ferimentos e danos recíprocos. Dessa forma, lograram resistir à longa era glacial e sobreviveram.

A moral da história é inquestionável: ninguém vive e sobrevive fechado em si mesmo; precisamos da comunidade. É comum ouvirmos pessoas que deixam de frequentar a Igreja alegando dificuldades de convivência com terceiros, fazendo então comentários do tipo: "Bastam eu e Deus." Faço questão de ressaltar, porém, que a fé não pode ser exercida plenamente de maneira individual. Caso contrário, ela não progride e acaba minguando.

São Paulo, ao escrever aos romanos, afirma: "Não devemos agradar a nós mesmos. Pelo contrário, cada um de nós deve agradar o seu irmão, para o bem dele, a fim de que ele cresça na fé. Pois nem o próprio Cristo procurou agradar a si mesmo" (Rm 8, 1-2).

Todos nós temos nossos espinhos e mesmo sem querer podemos "espetar" quem está ao nosso lado, ferir e sermos feridos. Ainda assim, é no convívio familiar e comunitário que se vive a diversidade de dons, que se celebra e se pratica o Evangelho, que se partilha a vida.

Para chegar ao outro lado da ponte, tome a decisão de crescer

Voltemos à nossa ponte em construção.

Em sua Primeira Carta, São Pedro orienta: "Deixai para trás toda malícia, toda astúcia, fingimentos e toda espécie de maledicência. Como crianças recém-nascidas, desejai com ardor o leite espiritual que vos fará crescer para a salvação, se é que tendes saboreado quão suave é o Senhor" (1 Pd 2,1).

Esse texto me lembra a Cruz da Unidade, um dos símbolos mais característicos do grupo mariano Movimento Apostólico de Schoenstatt. Ela mostra Maria com seu Filho crucificado, recolhendo em um cálice o Sangue do Seu Corpo. Sem dúvida, Nossa Senhora foi a primeira alma a buscar na Cruz de Nosso Senhor o genuíno manancial espiritual. Maria, modelo de maternidade e de discipulado, é um exemplo para todos nós, para que compreendamos perfeitamente o sentido da nossa existência. Ela nos convida a nos aproximarmos e a bebermos desse manancial espiritual que jorra do peito aberto de Nosso Senhor Jesus Cristo.

Segundo São Pedro, para começar é preciso deixar para trás algumas impurezas, como o ardil — palavra mais precisa do que "astúcia", neste caso — e o fingimento, duas características que estão sempre presentes em pessoas que agem de forma traiçoeira, enganadora, aproveitadora e maquiavélica.

Pedro nos compara a crianças recém-nascidas, indicando que não estamos em processo de gestação, o que seria plausível, por exemplo, no caso do paganismo, quando ainda não ocorreram nem a adesão à fé cristã nem o Batismo. Por outro lado, como recém-nascidos, já fomos gerados por Deus e estamos, pois, em fase de crescimento, que se prolonga durante toda a vida.

Em nossos primeiros passos, é importantíssimo contarmos com o leite materno, que não pode ser substituído por nenhum outro alimento, sob pena de gerar sérios danos à nossa saúde. Assim também é na vida espiritual. Precisamos nos abastecer do melhor alimento, do mais puro leite espiritual, que nos foi dado nada mais, nada menos do que na forma do próprio Jesus Cristo, pois d'Ele saíram água e sangue.

Em sua Segunda Carta, São Pedro aconselha: "Esforçai-vos quanto possível por unir à vossa fé a virtude, à virtude a ciência, à ciência a temperança, à temperança a paciência, à paciência a piedade, à piedade o amor fraterno, e ao amor fraterno a caridade. Se essas virtudes se acharem em vós abundantemente, elas não vos deixarão inativos nem infrutuosos no conhecimento de Nosso Senhor Jesus Cristo" (2 Pd 1, 5-8).

Vale salientar que a palavra "ciência" é utilizada como sinônimo de conhecimento, e não como oposição ao campo da religiosidade, conforme interpretação comum do agnosticismo. Outro termo que chama a atenção é "temperança", cujo significado remete à capacidade de ter domínio sobre a própria vontade, algo fundamental quando se trata de crescer para a salvação.

De fato, para crescermos até estarmos à altura de receber Deus, não basta desejar; é preciso elaborar esse querer, saber exatamente aonde queremos chegar, tomar a decisão e permanecer no controle. Alimentar-se do leite espiritual não é se contentar com apenas um gole, mas querer sempre mais. Quando acordamos com sede, a garganta e a boca ficam secas, e é assim que a nossa alma se sente sem a presença de Deus.

Portanto, temos de desejá-Lo de manhã, de tarde e de noite, como a água que bebemos. Temos de desenvolver uma espécie de *crush* — expressão que virou febre na internet — por Deus e atender a essa vontade incessante de rezar, louvar, estar com o Altíssimo, pois emana d'Ele a fonte de energia que mantém nossa alma viva.

Loucura? Obsessão? Nada disso. É Deus agindo em nós.

O livro dos Atos dos Apóstolos também nos ajuda a refletir sobre a importância de tomar a decisão certa ao nos apresentar a derrocada de dois personagens, Ananias e Safira.

Entendamos.

Ambos participaram do momento áureo da Igreja, isto é, do seu surgimento, e de fato naquele tempo muitos integrantes da comunidade vendiam suas propriedades e doavam o dinheiro para amparar os mais pobres. Não faziam isso buscando prestígio, mas por convicção.

Nesse contexto, Ananias e Safira também venderam uma propriedade, mas resolveram ficar com uma parte do lucro. Até aí tudo bem, mas Ananias decidiu mentir para os apóstolos alegando ter entregado tudo o que recebera com a venda. Deliberadamente, ele quis induzir a comunidade a pensar que havia aberto mão de tudo por um gesto de generosidade, mas o engodo logo foi descoberto, e Pedro o repreendeu. O apóstolo fez questão de esclarecer que o dinheiro era de Ananias, que poderia ter doado o quanto quisesse, ou mesmo não ter feito doação alguma, pois a Igreja não obrigava os fiéis a nada. Tratava-se de uma decisão pessoal querer partilhar os próprios recursos com os mais necessitados. No entanto, Ananias mentiu não apenas para os homens, mas para Deus, e, ao ser confrontado com esse ato ignóbil, caiu no chão e morreu. Infelizmente, ao ser questionada por Pedro sobre a quantia auferida com a venda da propriedade, sua esposa Safira também se deixou levar pela mentira e pela trapaça e teve o mesmo fim (cf At 5, 1-11).

O exemplo citado ilustra muito bem como a falta de espiritualidade e a incapacidade de lidar com uma fraqueza podem levar a uma decisão equivocada, cujo preço pode ser alto demais. Em vez de dialogarem com Deus no mais profundo do seu ser e confiarem na Providência Divina, ambos deixaram-se dominar pela carnalidade, pela mundanidade. O resultado? A mentira.

A partir dessa ruptura com a experiência de Deus e da fé, abre-se espaço para que a hipocrisia, o fingimento e a falsa imagem de si mesmo se instalem, o que é altamente prejudicial.

Deixe registrada sua identidade, sua missão e suas metas

Já expliquei nas etapas anteriores deste nosso treinamento na fé que precisamos traçar metas na vida para atingirmos nossos objetivos, sejam eles quais forem. No caso do crescimento espiritual, eu me proponho a fazê-lo junto com você!

O Padre enlouqueceu de vez? Como vai fazer isso — preocupar-se com a minha vida —, se tem tantas vidas para pastorear e guiar ao encontro da Palavra de Deus?

A resposta é simples: foi exatamente para isso que escrevi este livro, para que você possa fazer dele um espaço de registro das suas necessidades e, ao mesmo tempo, de interação comigo. Pronto para começar?

Creio que a esta altura você já deve estar desvendando o Poder Oculto nas suas escolhas e novas decisões.

O primeiro passo é descobrir qual é o ralo que está sugando a sua energia. Talvez você esteja achando que isso não tem nada a ver com Deus. Ledo engano. Tem tudo a ver. Deus fez cada um de nós únicos, singulares. Ele não marcou um destino para nós; em vez disso, nos deu a liberdade de fazer escolhas que traçam nosso futuro. Que ato de confiança! Tudo o que é bom vem de Deus. Portanto, se algo não dá certo, é porque veio do mal, do pecado ou da nossa escolha equivocada. Deus é tão perfeito em Seus desígnios que até nisto Ele nos beneficiou: se o destino não está traçado para nós, temos total autonomia sobre nossa vida.

Ora, se fomos feitos "senhores" de nós mesmos, o que nos impede de sermos vitoriosos e gloriosos em vez de perdedores e derrotados? Se a nossa natureza é do Céu e não do Inferno, há algo muito errado pelo meio do caminho que nos faz ser "bolas murchas", cair em desgraça e até cheirar a enxofre.

Pense com cuidado em quais são esses pontos fracos e registre-os aqui. Pode ser até mesmo uma escolha feita lá atrás e que gerou uma série de consequências negativas. Vamos lá, não se acanhe.

Que pensamento negativo está sempre na sua cabeça?

Qual é a maior culpa que você carrega?

Quem você ainda não perdoou?

Esses "sugadores" de energia nos fazem acreditar que somos maus e não merecemos nada de bom, nem mesmo quando vem de Deus. Essa, porém, é uma visão turva de quem somos.

Agora que já identificamos o que anda impedindo o seu crescimento espiritual, vamos trabalhar para solucioná-lo. Afinal, como já expliquei, Deus nos dá liberdade para tomarmos qualquer decisão, dado que confia em nossa capacidade de nos deixarmos conduzir pelo Espírito Santo.

O Padre, então, dará um "empurrãozinho".

Para essa capacidade aflorar, é necessário ter clareza absoluta da nossa identidade e da nossa missão. (Lembre-se: pensamentos negativos e sentimentos de culpa não definem quem você é nem quem nasceu para ser. Para ser livre, aprenda com os erros do passado e anote seu aprendizado.)

Jesus era um homem livre porque estava plenamente consciente da Sua identidade e da Sua missão. Para Ele, ser tocado por uma prostituta ou por um ladrão, por exemplo, não representava demérito algum, pois Jesus sabia exatamente quem era — filho unigênito de Deus — e que o Seu propósito na terra era realizar a redenção. Ele mesmo anunciou repetidas vezes: "Vim porque o Pai me enviou" (Jo 8, 42); "Eu e o Pai somos um" (Jo 10, 30); "Não tenho falado em meu próprio nome, mas o Pai, que me enviou, é quem ordena o que devo dizer e anunciar" (Jo 12, 49); "Quem me vê também vê o Pai" (Jo 14, 9).

Diante desse modelo de transparência e raciocínio lógico ofertado por Jesus, escreva agora qual é sua identidade e sua missão nesta vida. Não há problema caso demore um pouco. Isso é muito importante para que você não fique "dando tiro para todos os lados" e chutando na trave da vida, sem emplacar nenhum golzinho.

Que o Espírito Santo o ilumine a descobrir:

1. Quem é você na sua essência?
2. O que as pessoas veem de melhor em você?
3. Como você torna o mundo melhor com sua existência?
4. Qual é o sonho de Deus para você?

Todos nós temos uma missão, e isso não quer dizer que tenhamos de largar tudo e partir para terras longínquas, a fim de praticar a caridade e o bem. Isso certamente é louvável, e seria maravilhoso podermos contar com mais pessoas respondendo a esse chamado. No entanto, faço questão de chamar a atenção para um novo ponto de vista, pois muitos acham que não existe outro tipo de missão, que, se não abraçarem uma causa específica, não vão abraçar nenhuma. Trata-se de um grande equívoco; você pode ser um agente de transformação na sua família, no seu trabalho, na sua comunidade, na sua rua, na sua casa, em si mesmo.

Neste ponto, em que você também já sabe de onde veio e para onde vai, cuidemos então da parte mais prática dessa história: definir as metas que você deve cumprir ao longo do seu caminho para chegar até o outro lado da ponte. Lembremos a imagem da ponte e não esqueçamos que ela já começou a ser construída...

Proponho que você registre aqui metas de crescimento espiritual com um viés bem prático, como "ajudar na catequese de adultos", "ajustar a rotina neste ou naquele aspecto para rezar mais vezes", "confessar-se e receber o Sacramento da Comunhão uma vez por semana", e assim por diante. O importante é ter um propósito e não desistir dele.

Também é fundamental estabelecer o prazo para cumprir essas metas. Eu, por exemplo, não levanto da cama sem um cronograma detalhado do que quero realizar. Escrevi este livro e já estou com o próximo na cabeça. Funciono com base em metas o tempo todo, uma vez que essa é a melhor forma de nos estimular-mos a fazer algo e obter resultados. Muitas pessoas têm vontades simples, como caminhar no parque, aproveitar um dia de sol maravilhoso, sair, potencializar a vitamina D... No entanto, acabam deixando isso de lado por um motivo qualquer. Pergunto, então: cadê a presença de Deus?

Na Terra Santa, na cidade de Tabgha, está localizada a Igreja da Multiplicação dos Pães e Peixes. No assoalho que fica diante do altar, há um mosaico que registra esse milagre, porém, na cesta desenhada estão representados somente quatro pães e não cinco, como informam as Sagradas Escrituras. Na verdade, o quinto pão é aquele que se encontra sobre o altar, durante a Santa Missa, identificado como Jesus Eucarístico. Da mesma forma, nas Bodas de Caná, havia seis talhas de água que foram transformadas em vinho, enquanto Jesus era o vinho novo, o melhor de todos.

Os sinais não deixam dúvidas: Jesus é o complemento, e sem Ele não há plenitude nem salvação. Essa é a verdade que deve ser internalizada.

Na Sua crucificação, uma das sete frases de Jesus foi: "Tenho sede!" (Jo 19, 28). Não podemos ser simplórios a ponto de achar que Nosso Senhor estava apenas pedindo um gole de água. Ele está sedento do amor que partilhou conosco! Afinal, nós somos um pedacinho do amor de Deus. Essa sede é de almas apaixonadas, com as quais Ele possa dividir essa grande Festa. Jesus prometeu: "Se alguém me ama, guarda a minha palavra e meu Pai o amará. Eu e meu Pai viremos e faremos nele a nossa morada" (Jo 14, 23).

Pedro, como já mencionei, nos aconselha: "Desejai com ardor o leite espiritual", referindo-se ao alimento que pode matar nossa fome e nossa sede. Isso remete, por sua vez, ao episódio da samaritana, em que Jesus disse à mulher: "Se soubesses o que Deus pode dar e quem é que te está pedindo água, tu a pedirias, e ele te daria a água da vida. A pessoa que beber da água que eu lhe der nunca mais terá sede. Porque a água que eu lhe der se tornará nela uma fonte de água que dará vida eterna." Então, a samaritana pediu: "Dá-me dessa água! Assim eu nunca mais terei sede e não precisarei mais buscar água aqui" (Jo 4, 10.14b-15).

À luz dessa inspiração divina, peço que você registre o maior número de metas possível, como uma "tempestade de ideias" que inunda sua mente sem barreiras. O que você quer realizar? Aí está uma meta.

Caso necessite, anote tudo em um caderninho que possa ser consultado sempre que possível, assim como este livro. O importante é internalizar que, por meio dessas notas, Deus está pedindo para que você tome decisões que levem a mudanças perceptíveis na sua vida.

Capriche, pois, e não se prenda aos erros do passado. Fixe-se nas metas que podem mudar seu presente. Sempre é tempo de acertar.

Sugiro que você estabeleça suas metas com base na resposta a perguntas objetivas, como:

O que eu quero realizar na minha vida espiritual?
O que eu busco conquistar com minha família?
O que eu desejo para o meu casamento?

Agora, preencha a tabela abaixo com o máximo de informações possível:

	O quê? (Objetivo)	Por quê? (Propósito)	De que forma? (Ações concretas)	Quando? (Prazo para realização)
1.				
2.				
3.				

Perceba a importância de definir com máxima precisão o prazo (ano, mês e, se possível, até o dia) para o cumprimento de todas as etapas ou ações que levarão ao alcance de suas metas, pois dessa forma elas se tornam mais reais e palpáveis.

Repare, ainda, que existem metas mais imediatas, que estão relacionadas ao dia a dia, e outras mais de médio e longo prazos. No entanto, todas dizem respeito ao campo espiritual, pois dependem do nosso desejo e da nossa decisão. Como você já sabe, essas são competências da alma humana, que faz do homem imagem e semelhança de Deus. Desse modo, nenhuma meta pode ferir a ética, a moral e a fé. Somente assim é possível alcançar o estado de Plena Festa em nossa vida.

Para finalizar esta etapa, lembro que haverá dificuldades pelo caminho, mas o primeiro passo para atravessar a ponte e resgatar nossa natureza de filhos de Deus, aptos a voar e a crescer espiritualmente, foi dado:

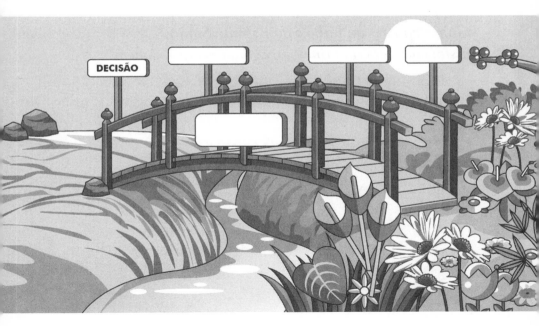

Para rezar

Salmo 62

R.: *Só em Deus a minha alma tem repouso,*
só ele é meu rochedo e salvação.

Só em Deus a minha alma tem repouso,
porque d'Ele é que me vem a salvação!
Só Ele é meu rochedo e salvação,
a fortaleza, onde encontro segurança!

A minha glória e salvação estão em Deus;
o meu refúgio e rocha firme é o Senhor!
Povo todo, esperai sempre no Senhor,
e abri diante dele o coração.

Glória ao Pai, ao Filho e ao Espírito Santo,
assim como era no princípio, agora e sempre. Amém.

Oração

Senhor, louvado seja o Teu Santo nome
e as obras criadas por Tuas mãos.
Eu Te louvo por tudo de bom que tens me concedido
e peço-Te, Senhor, que me conduzas
pelo caminho da santificação
e da realização pessoal.
Mostra-me Tua face,
face de Pai que se revela na misericórdia.
Liberta-me da inveja que destrói,
fortalece a minha alma,
ilumina minha mente para que eu tome decisões
que me levem ao encontro da felicidade, e não do fracasso.
Dá-me força para me levantar quando estiver prostrado,
desanimado e abatido.
Dá-me força para buscar-Te sempre e
para lutar contra o mal que há em mim.
Inspira-me valores que vêm do alto
e leva-me a renascer na Tua graça.
Dá-me clareza nas minhas dúvidas e incertezas,
dá-me o discernimento para fazer a Tua vontade,
ajude-me a não ofender-Te, mas a colocar-me a Teu serviço.
Olha pelas minhas fraquezas humanas,
minhas necessidades pessoais
e minhas lutas diárias.
Senhor, amo-Te!
És o Deus da minha salvação,
és minha fortaleza, meu rochedo,
o refúgio que me abriga.
Toma-me pela mão,
conduz-me pelas Tuas veredas
e dá-me a Tua paz.
Amém.

CAPÍTULO 7

VOCÊ EXPLORA E APLICA SEU POTENCIAL DE CONHECIMENTO?

O conhecimento de Deus é essencial para progredirmos na vida e na santidade. Sua ausência já causou estragos incomensuráveis, como a perda de uma população inteira no deserto e a própria crucificação de Jesus. Podemos afirmar, portanto, que a ruína do ser humano é diretamente proporcional à sua falta de conhecimento sobre Deus.

Dito isso, muitos podem achar que descobriram o "mapa da mina", e bastaria se empanturrar de dados e informações desconexas para estarem devidamente abastecidos desse conhecimento. Na verdade, o trabalho é muito mais árduo do que se imagina.

Costumo comparar a aquisição de conhecimento tanto à nossa capacidade de nos alimentarmos quanto, sobretudo, ao modo de fazê-lo. Não podemos sair por aí feito uma jiboia, que engole o boi inteiro, com casco e chifre, sem mastigar. Aquilo que alimenta nosso corpo e, principalmente, nossa alma é muito valioso para agirmos dessa maneira grotesca, atabalhoada e sem discernimento.

Infelizmente, muitas pessoas passam pela vida sem saboreá-la, apenas "engolindo". Não degustam os minutos, as horas, os

dias, o crescimento dos filhos, os momentos com os netos, as pequenas coisas que trazem grandes alegrias... Elas engolem déca-
das em uma bocada só e, quando se dão conta, já envelheceram.
É uma pena tanta falta de sensibilidade!

E quanto a você? Acredita que conhece Jesus e sabe degustar
todos os momentos com Ele?

Esta parte do nosso treinamento vai ajudá-lo nesse propósito
de conhecimento, que é fundamental para crescermos espiritualmente.

Faça uma higienização espiritual

Comecemos fazendo uma "faxina geral" em tudo que é "en-
tulho" espiritual ou vício de formação que atravanca nosso
conhecimento. Nas etapas anteriores, já seguimos o conselho de
Pedro e deixamos para trás "malícia, astúcia, fingimento, inveja,
toda espécie de maledicência". Contudo, ainda há muito mais
para "limpar".

O perfeccionismo é uma das impurezas espirituais que mais
merece nossa atenção e que devemos reciclar o quanto antes. Isso
porque, quando somos muito exigentes com nós mesmos e não
aceitamos errar, perdemos tempo demais remoendo os fracassos e
paramos de avançar. Repito aqui que só não erra quem não faz, o
que, de imediato, já pode ser desdobrado em duas boas pauladas
no perfeccionismo: não há evolução sem crise e não há experiência sem frustração.

O medo de fracassar nos atrapalha tanto quanto a falta de
confiança em nossos potenciais devido à falsa humildade, outro
lixo que acumulamos em nosso espírito. Devemos ser humildes,
sim, mas não subestimar nossas qualidades. A verdadeira humildade advém da confiança no Senhor, no potencial dado por Ele
e na necessidade de Sua graça.

A procrastinação e a falta de decisão, temas que já abordei nas etapas anteriores desta jornada, também são lixos espirituais. Muitas vezes, uma mulher reluta em se afastar do companheiro mesmo sendo vítima de violência verbal e física, o que costuma ser confundido com exemplo de fé e perseverança, mas não é. Quando está em curso um comportamento que fere a integridade física e moral de outro ser humano, isso não pode ser tolerado, pois fere gravemente os princípios de Deus. Está, pois, na hora de mudar. Certamente, a Igreja recomenda que se lute pelo matrimônio e se mantenha o pacto assumido, mas, a partir do momento em que uma das partes está sendo agredida física e/ou psicologicamente, esta deve denunciar o agressor e se distanciar dele, pois todos somos filhos de Deus e, como tais, temos de aprender a nos preservar.

Fomos educados a aceitar as coisas como nos disseram que são e a tentar nos convencer de que temos um destino a ser cumprido. Novamente, ressalto que Deus nos fez sem destino além do Céu, e por isso nos deixou livres para chegarmos à santidade a partir de decisões deliberadas, embora muitos de nós prefiram justamente o contrário, por medo de decidir. Afinal, não aceitamos perder nada! Queremos tudo, mas, sempre que tomamos uma decisão, temos de abrir mão de alguma coisa. Para uma porta que se abre, outra se fecha, e nessas escolhas podemos ser felizes ou infelizes. Há quem recue diante dessa situação.

É difícil decidir, mas é preciso. Trata-se de um processo incômodo e até doloroso, pois implica sair da casca, do molde, daquele "quentinho" com o qual estamos acostumados e que muitos chamam de zona de conforto.

O novo assusta, não é? Mas é fundamental que ele venha, para que cheguemos até Deus. "É preciso que se renovem pela transformação espiritual da inteligência e se revistam do homem novo, criado segundo Deus na justiça e na santidade que vem da verdade" (Ef 4, 23-24).

O apóstolo Pedro nos comparou a uma criança recém-nascida, e creio que ele não poderia estar mais correto, levando em conta nosso nível de conhecimento. Quando tomamos um bebê nos braços, ficamos embevecidos com a sua graça, mas instantes depois nos deparamos com uma fralda suja de cocô. Então, o que fazemos? Vamos alimentá-lo ainda mais ou parar tudo, limpá-lo e vesti-lo novamente com fraldas limpas?

Esse contexto é muito semelhante ao da necessidade de higiene de que estamos tratando aqui. Queremos crescer, mas estamos com os cueiros sujos. Por isso, antes de bebermos o leite espiritual, precisamos nos limpar. Ainda utilizando a metáfora do processo de desenvolvimento infantil, assim como os pais ficam muito felizes logo que a criança aprende a usar o peniquinho para fazer suas necessidades fisiológicas, é uma grande vitória quando adquirimos domínio próprio, crescemos, amadurecemos e aprendemos a lidar de forma apropriada com os nossos dejetos espirituais.

APRENDA COM AS PROVAÇÕES

Até aqui você já entendeu que existem muitas pendências em aberto na nossa alma que precisamos sanar para podermos seguir adiante. Caso contrário, seremos sempre pessoas carentes e malsucedidas.

O curioso é que todos tememos as provações, pois as associamos unicamente à ideia de dificuldade ou perda. No entanto, as coisas não são bem assim. Na maior parte das vezes, as provações são uma valiosa fonte de conhecimento. O próprio Jesus, que assumiu carne humana, passou por dificuldades. Ele chegou a relatar que Seu espírito estava em uma angústia mortal! No entanto, embora em um dado momento tivesse pedido que o Pai afastasse de Si o cálice do sofrimento, logo reconheceu que viera para cumprir a vontade soberana de Deus (cf. Mt 26, 36-42).

Se estamos passando por uma fase de aridez espiritual, em que nossas emoções parecem anestesiadas e não nos sentimos confortados nem mesmo durante as orações, isso não significa que estamos rezando de forma errada, quanto mais que fomos abandonados pelo Nosso Pai. Deus pode nos privar de sentimentos de consolação, o que provoca uma sensação de vazio, mas faço questão de lembrar que esse vácuo não é a ausência de Deus, mas uma presença velada, que chamo de "silêncio de Deus". Muitas vezes, pode até mesmo se tratar de uma oportunidade de crescer espiritualmente: diante da falta de respostas, podemos nos empenhar mais em obtê-las. Dizem que as crises são momentos fecundos e de seleção dos melhores, pois quem se prepara para enfrentar e superar tribulações costuma sair delas mais fortalecido.

Na "noite escura", o que nos causa sofrimento tem origem em nós mesmos, em nosso ego. Por outro lado, à medida que desmontamos o altar interior do nosso "eu", dos nossos apegos, abrimos espaço para a verdadeira luz.

São João da Cruz, frade carmelita, viveu uma longa "noite escura", mas soube tirar proveito dela e compôs o belo poema intitulado "A noite escura da alma", que posteriormente deu origem a um verdadeiro tratado sobre o assunto. O poema canta as ânsias da "Amada", a alma, por unir-se com o "Amado", isto é, Jesus Cristo. Essa é uma ânsia que também é nossa.

Em uma noite escura,
De amor em vivas ânsias inflamada
Oh, ditosa ventura!
Saí sem ser notada,
Já minha casa estando sossegada.

Na escuridão, segura,
Pela secreta escada, disfarçada,

Oh, ditosa ventura!
Na escuridão, velada,
Já minha casa estando sossegada.

Em noite tão ditosa,
E num segredo em que ninguém me via,
Nem eu olhava coisa,
Sem outra luz nem guia,
Além da que no coração me ardia.

Essa luz me guiava,
Com mais clareza que a do meio-dia
Aonde me esperava
Quem eu bem conhecia
Em sítio onde ninguém aparecia.

Oh, noite que me guiaste!
Oh, noite mais amável que a alvorada!
Oh, noite que juntaste
Amado com Amada,
Amada já no Amado transformada!

Em meu peito florido
Que, inteiro, para Ele só guardava
Quedou-se adormecido,
E eu, terna, O regalava,
E dos cedros o leque O refrescava.

Da ameia a brisa amena,
Quando eu os seus cabelos afagava
Com sua mão serena
Em meu colo soprava
E meus sentidos todos transportava.

Esquecida, quedei-me,
O rosto reclinado sobre o Amado;
Tudo cessou. Deixei-me,
Largando meu cuidado
Por entre as açucenas olvidado.

Por isso, quem está passando por uma "noite escura" não deve se desesperar, mas aprender com os santos a superá-la e a tirar proveito dela. Se você está passando por um momento sombrio, erga a mão o mais alto possível para Deus, e Ele completará a distância que falta. Se estiver dando o máximo de si e isso não for o bastante, Deus completa.

No teto da Capela Sistina, o famoso afresco pintado por Michelangelo, conhecido como "A Criação de Adão", mostra os dedos indicadores do primeiro homem e do Criador separados por um espaço muito pequeno. Eles quase se tocam. É sintomático percebermos que, na concepção do artista, Deus está com o dedo esticado, reto, enquanto o de Adão, que representa toda a humanidade, está virado para baixo. Bastava deixá-lo reto, e Adão tocaria o dedo de Deus. Outra observação é a de que Deus aparece apoiado pelos anjos, fazendo um esforço visível para alcançar Adão, indicando que o Altíssimo sempre quer mais. Já Adão encontra-se em uma posição confortável, meio largado, com a mão em gesto descendente, ou seja, não está voltada para o alto. Essas alegorias evidenciam a discrepância entre a vontade de Deus e a vontade do homem. Pelo Pai, já teríamos sido tocados, encontrados; estaríamos plenos de Sua presença.

Por isso, incentivo todas as pessoas a sempre erguerem as mãos e fazerem o maior esforço possível. Deus completa! Peça do fundo do seu coração:

Senhor, ajuda-me a vencer essa distância,
intervém na minha força de vontade, na minha consciência.

Senhor, que me conheces tão bem, desde o ventre materno, ajuda-me a vencer a fraqueza que está roubando as minhas energias.

Senhor, que me moldaste e sabes que sou feito de pó, peço complementar a Tua graça.

Amém.

NÃO HÁ CONHECIMENTO SEM CONVERSÃO

Conhecimento requer higienização espiritual, superação da "noite escura" e, sobretudo, conversão. Se a fé consiste em crer naquilo que não vemos, a conversão consiste em desafiarmos a nós mesmos em Deus. É a conversão que nos leva a tomarmos a decisão e dizer: "Agora vou em frente", deixando imediatamente tudo para trás e seguindo o Senhor. Na identificação desse "tudo" devemos ter como medida aquilo que impede o conhecimento d'Ele.

Estamos em um estágio muito avançado do nosso treinamento para o crescimento na fé, que requer temperança ou autodomínio, como já vimos, mas também ousadia, coragem e confiança no Senhor. Infelizmente, seguimos adiando nossa conversão, talvez porque acreditemos que, como se diz popularmente, "é no andar da carruagem que as abóboras se ajeitam". No entanto, devemos estar cientes de que, com o balanço da carroça, diversas abóboras são danificadas, outras caem e se partem. Além disso, ao permitirmos que a "carruagem" nos leve, por medo ou comodismo, seguimos na condição de vítimas, e não de protagonistas da nossa vida.

A pergunta que não quer calar é: até quando?

Muitos adiam a conversão, alegando outras pendências mais imediatas na esfera pessoal e profissional, como cuidar da família ou da carreira. Acontece, porém, que muitas vezes o estabelecimento de prioridades é uma via de mão dupla: se você não serve aos propósitos do Senhor, por que, em situações ordinárias, Ele atenderá aos seus?

São Paulo Apóstolo foi alguém que rompeu de maneira exemplar com esse círculo vicioso. Durante toda a vida, ele aprendeu que somente poderia servir a Deus como judeu. Todavia, ao se deparar com Jesus em seu caminho, tomou a decisão de se converter ao cristianismo. Foi uma decisão difícil e até radical? Sim, mas valeu a pena, porque foi dessa maneira que ele conheceu o Deus Vivo e Verdadeiro.

E quanto a você? Está realmente disposto a conhecer Jesus Cristo?

O que nutriu Nossa Senhora foi a Palavra, a fé. Todos nós temos ao nosso alcance o leite espiritual mais puro, que é a Palavra. Por meio das Sagradas Escrituras, conhecemos Deus e Sua vontade. É preciso ter disciplina, criar o hábito de ler, meditar e refletir sobre a Palavra de Deus. Virão tropeços, mas não desista. Lembre-se do Poder Oculto dentro de você.

O Inimigo, sem dúvida, tentará dificultar esse compromisso com Deus. Ele soprará no seu ouvido: "Hoje não dá tempo!" No entanto, tempo somos nós que fazemos. Tudo é questão de prioridade.

Conta-se que Santa Teresa d'Ávila aproveitava qualquer tempo livre para ler a Bíblia, até mesmo no banheiro. Uma vez argumentaram que isso não estava certo, afinal, banheiro não é o lugar mais apropriado para rezar a Palavra. Santa Teresa prontamente respondeu: "É lugar para rezar, sim. O que vai para cima vai para Deus, o que vai para baixo vai para o Diabo."

Agora, peço que você faça uma breve autoanálise. Você já se propôs a fazer essa conversão? É capaz de lidar com as paixões desordenadas? Ou é refém delas e de seus instintos?

Perceba que está tudo interligado, e assim voltamos à questão do autodomínio, que é um dos sinais da conversão. Cito aqui outro trecho das cartas de São Pedro: "Fazei todo o possível para juntardes a bondade à fé que vós tendes. À bondade juntai o conhecimento e, ao conhecimento, o domínio próprio. Ao domínio próprio juntai a perseverança e à perseverança a devoção a Deus. A essa devoção juntai a amizade cristã e à amizade cristã juntai o amor" (2 Pd 1, 5-7).

Coloque-se neste momento diante de Deus e faça um balanço. Em que ponto da sua trajetória de crescimento espiritual você se encontra? Tem higienizado o seu espírito adequadamente? Qual é a "noite escura" que o está aprisionando?

Não tenha pressa. Pense bem e seja humilde em suas respostas, lembrando que é a humildade que nos eleva. É por isso que o canto de Maria, conhecido como *Magnificat*, afirma que os humildes serão exaltados e os poderosos, derrubados (cf. Lc 1, 46-55).

A resposta a essas perguntas serão o raio X da sua história, e eu insisti para que você as escrevesse porque conhecer a si mesmo também é uma forma de conhecer Jesus, pois somos parte d'Ele.

Quando nos convertemos, é como se conseguíssemos "emendar", "arranjar", "harmonizar" todos os fios desconexos dessa história, e não necessariamente começar uma nova. A conversão é uma junção de pontas que ficaram perdidas no meio do caminho e que, uma vez unidas, nos permitem enxergar a linha de Deus em nossa vida. É dessa forma que podemos trabalhar os acontecimentos mais trágicos pelos quais passamos e encontrar sentido para tocar a vida. Trata-se de ressignificar a dor sentida, ter domínio sobre todos os pensamentos negativos e parar de sofrer. Sempre que necessário, podemos caminhar até esses momentos mais sombrios acompanhados do Senhor e "emendar" aquelas pontas que estão soltas no bordado da nossa vida. Isso pode ser doloroso no início, mas depois vai passar.

Há 15 anos, por causa de um ferimento no pé, contraí tétano. Nessa ocasião, cheguei a ficar hospitalizado para fazer o tratamento adequado, que incluiu uma cirurgia para raspagem no osso afetado. Em seguida, fui liberado. Alguns anos mais tarde, percebi o crescimento de um pequeno inchaço no pé operado, porém não tomei nenhuma providência — até que, quando estava passando o Natal em família, comecei a sentir fortes dores. Não quis prejudicar o momento de confraternização, e por isso decidi não fazer nada. Confesso que jamais imaginara que pudesse ser uma consequência do tétano contraído tanto tempo antes! Então, quando fui procurar ajuda, o pé estava tão infeccionado que precisei passar por mais duas cirurgias em menos de um mês. Tive problemas com a anestesia, o corte incomodou, tomei antibióticos por vinte dias, não podia calçar sapatos... Mas, ao fim e ao cabo, a ferida sarou. Estou relatando um episódio absolutamente pessoal para mostrar que a "ponta solta" de um acontecimento do passado pode voltar a incomodar quando não foi bem resolvida. Muitas vezes, precisamos abrir a ferida mal curada, fazê-la sangrar, drenar a infecção — enfim, fazer uma série de procedimentos incômodos para que a cura seja total.

Curar o que nos fez sofrer e nos libertar do passado é crescer para a salvação, reforçando que, quanto mais conhecermos Jesus e a Sua Palavra, mais avançaremos rumo ao outro lado da ponte que estamos construindo juntos aqui.

Celebremos, assim, o encerramento de mais uma etapa do nosso treinamento, certos de que um passo decisivo foi dado na construção da ponte rumo às coisas do Alto.

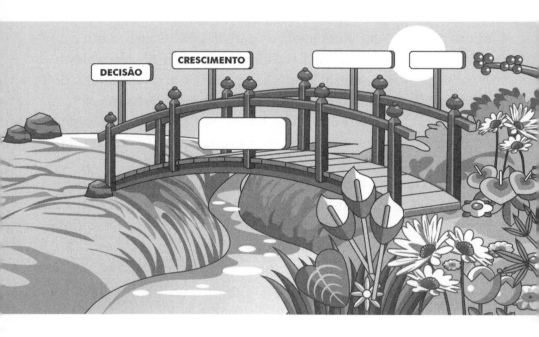

Para rezar

Salmo 71

R.: *Minha boca anunciará vossa justiça.*

Eu procuro meu refúgio em vós, Senhor:
que eu não seja envergonhado para sempre!
Porque sois justo, defendei-me e libertai-me!
Escutai a minha voz, vinde salvar-me!

Sede uma rocha protetora para mim,
um abrigo bem seguro que me salve!
Porque sois a minha força e meu amparo,
o meu refúgio, proteção e segurança!
Libertai-me, ó meu Deus, das mãos do ímpio.

Porque sois, ó Senhor Deus, minha esperança,
em vós confio desde a minha juventude!
Sois meu apoio desde antes que eu nascesse,
desde o seio maternal, o meu amparo.

Minha boca anunciará todos os dias
vossa justiça e vossas graças incontáveis.
Vós me ensinastes desde a minha juventude,
e até hoje canto as vossas maravilhas.

*Glória ao Pai, ao Filho e ao Espírito Santo,
assim como era no princípio, agora e sempre. Amém.*

Oração (São Pio de Pietrelcina)

Fica, Senhor, comigo, pois preciso da Tua presença para não Te esquecer.

Sabes quão facilmente posso Te abandonar.

Fica, Senhor, comigo, porque sou fraco e preciso da Tua força para não cair.

Fica, Senhor, comigo, porque és minha vida, e sem Ti perco o fervor.

Fica, Senhor, comigo, porque és minha luz, e sem Ti reina a escuridão.

Fica, Senhor, comigo, para me mostrar Tua vontade.

Fica, Senhor, comigo, para que ouça Tua voz e Te siga.

Fica, Senhor, comigo, pois desejo amar-Te e permanecer sempre em Tua companhia.

Fica, Senhor, comigo, se queres que Te seja fiel.

Fica, Senhor, comigo, porque, por mais pobre que seja minha alma, quero que se transforme num lugar de consolação para Ti, um ninho de amor.

Fica comigo, Jesus, pois se faz tarde e o dia chega ao fim; a vida passa, e a morte, o julgamento e a eternidade se aproximam. Preciso de Ti para renovar minhas energias e não parar no caminho. Está ficando tarde, a morte avança e eu tenho medo da escuridão, das tentações, da falta de fé, da cruz, das tristezas. Oh, quanto preciso de Ti, meu Jesus, nesta noite de exílio.

Fica comigo nesta noite, Jesus, pois ao longo da vida, com todos os seus perigos, eu preciso de Ti. Faze, Senhor, que Te reconheça como Te reconheceram Teus discípulos ao partir do pão, a fim de que a Comunhão Eucarística seja a luz a dissipar a escuridão, a força a me sustentar, a única alegria do meu coração.

Fica comigo, Senhor, porque na hora da morte quero estar unido a Ti, se não pela Comunhão, ao menos pela graça e pelo amor.

Fica comigo, Jesus. Não peço consolações divinas, porque não as mereço, mas apenas o presente da Tua presença, ah, isso sim Te suplico!

Fica, Senhor, comigo, pois é só a Ti que procuro, Teu amor, Tua graça, Tua vontade, Teu coração, Teu Espírito, porque Te amo, e a única recompensa que Te peço é poder amar-Te sempre mais. Com este amor resoluto desejo amar-Te de todo o coração enquanto estiver na terra, para continuar a Te amar perfeitamente por toda a eternidade.

Amém.

Capítulo 8

Diante dos obstáculos, você é persistente?

No mundo moderno, podemos fazer tudo pelo computador, e todas as informações ficam armazenadas ou nele mesmo, ou em HDs externos, ou na chamada "nuvem", permitindo assim que não percamos documentos, fotos, arquivos etc. Guardadas as devidas proporções, podemos dizer que nós também contamos com um *backup* das nossas experiências — tanto as boas quanto as ruins —, o qual está armazenado em nossa memória.

Uma curiosidade que me chamou a atenção é que, segundo os neurocientistas, a mente humana leva no mínimo 21 dias para internalizar um padrão de comportamento, seja fazendo ou deixando de fazer algo. Fico pensando que, se todos os dias, durante breves três semanas, uma pessoa se dedicar a ler trechos da Bíblia, isso passará a ser um hábito. Quem aguentar 21 dias sem reincidir em um determinado vício pode estar a caminho da superação. A meu ver, independentemente da precisão matemática ou do percentual de acertos dessa teoria, o mais interessante é a importância que ela atribui à capacidade de decisão e de persistência.

Nossa mente pode ser reprogramável, mas ela exige um tempo de adaptação, que depende apenas de nós mesmos — mais precisamente, do nosso querer genuíno e da nossa capacidade de seguir adiante. Sejam 21 dias ou 21 meses, não importa: nós temos de nos dispor a praticar a Palavra de Deus e a fazê-lo com disciplina e regularidade, até que estejamos cada vez mais amadurecidos na fé e consigamos propagar os frutos de Jesus Cristo.

Esteja preparado, pois a partir de agora faremos um *upgrade* que o colocará em contato direto com o Poder Oculto. Não duvide! Você sentirá o impacto.

CONECTE O *PEN DRIVE* DE JESUS CRISTO À SUA MENTE

Ao contrário de nós, humanos, Deus é muito paciente e não descarta ninguém do Seu radar. Ele espera até o fim que nos arrependamos e nos perdoa sempre que erramos e voltamos a Ele contritos e em busca de perdão. Mesmo que já tenhamos sido sentenciados como um caso perdido pelo juízo dos homens, Deus ainda pode nos tocar e nos regenerar. Mesmo que o problema seja na "memória RAM" ou no "disco rígido", Ele tem o poder de nos restaurar para começarmos tudo de novo.

Você, que está quase desistindo, experimente conectar o *pen drive* de Jesus Cristo à sua mente. Você entenderá, assim, que o seu sofrimento é parte de Deus. Então, pare e peça a Ele que lhe ajude a decidir se deve ou não desistir.

Por mais difícil que estejam as coisas, preciso lembrar que ninguém progride e cresce sem persistência, assim como não existe vitória sem calvário nem Ressurreição sem Sexta-Feira Santa. Da mesma forma, o caminho mais bonito pode não ser o correto, e nem sempre a porta menos convidativa é a errada.

Uma parábola nos faz pensar a esse respeito.

Numa terra em guerra, havia um rei que causava estranhamento, pois, em vez de sentenciar os prisioneiros à maneira tradicional, levava-os a uma sala, onde se deparavam com um grupo de arqueiros e uma imensa porta de ferro com figuras de caveiras gravadas que conferia a ela um aspecto assustador.

O rei colocava os prisioneiros em círculo e fazia a seguinte proposta:

— Vocês podem escolher: morrer flechados por meus arqueiros ou passar pela porta e serem trancados.

Todos escolhiam ser mortos pelos arqueiros.

Ao término da guerra, um soldado que por muito tempo prestara serviços para o rei lhe perguntou:

— O que há por trás da assustadora porta?

— Vá e veja — sugeriu o rei.

O soldado, então, abriu vagarosamente a porta e percebeu que, à medida que o fazia, raios de sol iam adentrando e clareando o ambiente. Notou, ainda, que a porta levava a um caminho coberto de flores e à liberdade. Diante do espanto do soldado, o rei explicou:

— Eu dava a eles a oportunidade de escolher, mas invariavelmente preferiam morrer a arriscar abrir essa porta.

O medo do desconhecido era tamanho que os fazia decidir pela morte imediata, e com isso deixavam de conquistar a liberdade. É o que nós fazemos quando deixamos de abrir a porta ou caminhar em nossa ponte ainda em construção, comportando-nos como reféns de nós mesmos.

REPROGRAME-SE

Insisto na necessidade de uma reprogramação em Deus, o que implica mudar o foco dos nossos desejos. Nesse processo, desistir é fraqueza e persistir, virtude. Por isso, sempre que se sentir enfraquecido na fé, faça um esforço, persista, busque a Igreja, os Sacramentos, os grupos de oração...

Em nossa jornada de crescimento espiritual, as pessoas à nossa volta que nos entendem com um simples olhar e compartilham dessa necessidade insaciável de Deus desempenham um papel-chave. Lembremos a fábula da rosa e do sapo e fiquemos perto do nosso sapo, sem dar ouvidos às cobras. Afinal, o sapinho pode ser feio, mas nos protege!

Você pode perceber que um dos focos do Inimigo é desagregar, separar, jogar irmão contra irmão. Sabe por quê? Porque ele nos quer sós, pois sabe que isso nos enfraquece. Ele também faz questão de atacar a nossa mente, e adivinha por qual motivo?

Essa é fácil: porque se trata do nosso "disco rígido", o lugar central onde fica armazenado tudo o que somos e desejamos, consciente ou inconscientemente. Portanto, temos de manter a mente impermeável ao máximo às influências do Inimigo, as quais podem se traduzir em maus conselhos, magia, superstição, heresia, idolatria, entre outros ataques tão perigosos quanto aqueles realizados pelos chamados *crackers* aos sistemas de segurança mundiais.

Mas... que tipo de "antivírus" podemos instalar em nossa mente para combater essas influências maléficas? É aqui que devemos lançar mão da estratégia da reprogramação.

Nas palavras do salmista: "Feliz o homem que não vai ao conselho dos ímpios, não para no caminho dos pecadores nem se assenta na roda dos zombadores" (Sl 1, 1). Como já expliquei, devemos priorizar o convívio comunitário, mas não é recomendável ir aonde expomos nossa integridade ou nos juntar aos que zombam do sagrado, uma vez que isso agride a nossa alma, que anseia pelo Alto (cf. 1 Cor 6, 12). Temos de amar a todos, mas só devemos trazer para o círculo mais íntimo da nossa vida aquelas pessoas que nos compreendem e se afinam com o que estamos buscando.

Como todos sabemos, isso nem sempre é possível. Então, para que resistamos e persistamos, devemos nos revestir das armaduras de Deus, assunto sobre o qual me aprofundo em meus dois livros anteriores; já neste aqui, quero tratar especificamente de como blindar a nossa mente, que também se encontra exposta nessas situações.

Temos de aprender a reprogramá-la e a criar filtros que impeçam o Diabo de acessá-la e danificar a principal fonte de alimentação do nosso sistema, a nossa alma.

Precisamos nos proteger daquilo que põe em risco a nossa salvação, justamente porque ainda somos recém-nascidos em matéria de crescimento espiritual, como tão bem definiu São Pedro (cf. 1 Pd 2, 2). Toda criança, afinal, é vulnerável, dado que não vê perigo em nada que a cerca, nem mesmo no fogo. Para essa criatura ainda tão tenra, até a água pode ser um fator de risco: basta lembrar-se das crianças que se jogam nas piscinas e praias e assustam os pais.

Seguindo esse raciocínio, quanto mais maduros somos, maior a nossa capacidade de nos blindarmos do mal. No entanto, nem sempre isso é uma regra. Pessoas que aderem à pornografia virtual, por exemplo, ou assumem um comportamento sexual de risco, agem como "pirralhos" inconsequentes, desprovidos de discernimento e dependentes de intervenções dignas de um pai ou uma mãe: "Cuidado com o que você está fazendo da sua vida!"

Dizem que quando envelhecemos voltamos a ser crianças, justamente em razão do maior número de riscos que passam a nos rondar. A irmã da minha mãe, por exemplo, que é minha madrinha de batismo, resolveu desentupir a pia com soda cáustica do alto dos seus 90 anos. Veja só! Colocou uma lata desse produto químico fortíssimo no encanamento e, como o bendito não desentupiu, pegou uma varinha para "cutucar" sua engenhoca. O resultado não podia ser outro: a soda cáustica em contado com a água explodiu e a queimou. Fui visitá-la, e a pobrezinha estava em carne viva. Ela não sabia do perigo e arriscou-se demais. Conto esse fato restrito à minha família para comprovar que se expor ao perigo sem necessidade não é prerrogativa das crianças; e, se precisamos de monitoramento para não nos envolvermos com o mal, é porque ainda somos imaturos.

NÃO DEIXE QUE NADA ABALE A SUA PERSISTÊNCIA

Um dos maiores sabotadores da persistência chama-se rotina. Quando alguém diz "Meu casamento caiu na rotina" ou "Meu trabalho é uma repetição de tarefas mecânicas", isso significa que essa pessoa não está deixando que Deus a encante e a surpreenda. Sim, para Deus nada é impossível, e Ele tudo pode, mas, volto a lembrar, aqui e sempre, que nós precisamos *querer*!

A rotina nunca será páreo para um Deus que é maravilhoso e está presente em toda parte, inclusive no outro. Não se trata de mera retórica aquele ensinamento dado pelos casais mais longevos de que é possível, sim, descobrir a cada dia qualidades novas e apaixonantes na pessoa amada.

Outro agente de corrosão que aos poucos vai minando a persistência é o desânimo. A palavra em si já diz tudo: o prefixo "des" dá a ideia de falta, enquanto "ânimo" remete a *anima*, que significa "sopro de vida" em latim e originou o termo "alma" tal qual o utilizamos em nossa língua. Portanto, etimologicamente, "desânimo" quer dizer "falta do sopro de vida" ou "falta de alma", o que dispensa mais explicações. O desânimo nos leva a agir como autômatos e a perder o sentido da existência. Ciente do Poder Oculto que está presente até mesmo nas tarefas cotidianas, o Livro do Eclesiastes recomenda que coloquemos muita energia em tudo o que fazemos, desde o momento em que acordamos até a hora de dormir. Ou seja, se você tem que fazer algo, faça-o intensamente, não pela metade ou de qualquer jeito. Aproveite o sono, a comida, o banho, a companhia das pessoas, saboreando cada momento.

A persistência também é erodida pelo medo, como tão bem expressou a parábola que escolhi para ilustrar este capítulo. Muitos preferem morrer a se arriscar, quando tudo o que está sendo exigido é abrir uma porta. Embora se trate de uma parábola secular, que nada tem a ver com a afirmação do Mestre — "Eu sou a porta. Quem entrar por mim será salvo" (Jo 10, 9) —, ela serve como um valioso *insight*, pois Jesus é de fato a porta pela qual entramos para a salvação.

Temos, pois, de refletir sobre como lidamos com o medo. Ele nos paralisa e nos faz desistir?

Lutemos, portanto, para superá-lo. Deus nos preparou um jardim e um Céu assaz acolhedores, mas para chegar até eles temos de atravessar a ponte, e não podemos ser escravos do medo.

A esta altura, você já entendeu que persistir é não desistir, mas precisamos refinar esse conceito para que possamos edificar o terceiro alicerce da nossa ponte. Para isso, não podemos confundir persistência com teimosia, e gostaria muito que você fizesse essa distinção em sua vida, questionando-se: "Até que ponto estou sendo persistente e até que ponto estou apenas teimando feito um burro de carga, ou mesmo 'dando murro em ponta de faca' ao insistir numa determinada forma de agir, de pensar e de ser?"

Reflita, meu filho, minha filha.

Persistir é manter-se no caminho reto, que atende a princípios éticos e de fé. No momento em que, para alcançar ou preservar uma verdade, percebemos que estamos abrindo mão disso, a atitude certa é desistir e seguir adiante.

Difícil, não? Mas é necessário encarar a realidade.

Na condição de sacerdote, atuo como formador de opinião, e muitas pessoas seguem o meu ponto de vista. Por isso, faço questão de ser muito cauteloso, de estudar os assuntos e de rezar antes de emitir qualquer opinião. Mas, quando estou plenamente convencido, não faço cerimônia nem mando recado. Digo "na lata", doa a quem doer. Por essa razão, afirmo com a mais absoluta convicção: somente se deve preservar determinada situação, seja na vida pessoal, seja no campo profissional, até o ponto em que não coloque em risco a integridade dos valores éticos e a santidade pessoal de cada um. A partir do instante em que isso está ameaçado, é preciso dar um basta.

Mas, então, como fica a obrigação de converter e de transformar? Evidentemente, o primeiro passo nesses casos é tentar reverter a situação. No entanto, se não houver resultado e a própria salvação estiver em risco, a pessoa está autorizada a oficializar no papel aquilo que já está desfeito na vida.

INSPIRE-SE NO EXEMPLO DE QUEM PERSISTIU E VENCEU

É muito importante termos claro quais são as nossas metas — já passamos por essa etapa em nosso *coaching* — e os nossos valores, pois é para eles que devemos voltar nossa atenção quando estivermos a ponto de desistir. Como já aprendemos, definir quem somos, de onde viemos e para onde vamos são componentes-chave do nosso poder de decisão.

Para continuarmos firmes no caminho rumo ao crescimento espiritual, isto é, para termos a famosa persistência, uma das estratégias mais eficazes é prosseguir sempre olhando para quem já passou pelos mesmos desafios e os venceu. Essa é uma dica valiosa. O grande tesouro da Igreja não são os bens valiosos expostos no Vaticano, que, por sinal, são patrimônio da humanidade e não pertencem à instituição, e sim os exemplos de pessoas. Refiro-me, sobretudo, aos inúmeros santos que passaram pelo mesmo caminho que estamos percorrendo agora, completaram a corrida e receberam a coroa da vitória.

Ninguém vai inventar a roda hoje. Afinal, podemos nos beneficiar de tudo o que já foi descoberto por quem veio antes de nós. Essa é uma das máximas do aprendizado formal, valendo também para quem busca crescer na fé. Por isso, sugiro nos inspirarmos na vida dos santos, que, acima de tudo, foram pessoas bem-sucedidas em seus propósitos de vida e de fé.

De pronto, me vêm à cabeça nomes como São Francisco de Assis, Santo Antônio de Pádua, Santa Brígida, São Pio de Pietrelcina, São Vicente de Paulo e muitos outros que já cumpriram essa mesma jornada com a qual nos deparamos. Mesmo que não se trate propriamente de um santo canonizado, podemos nos inspirar em pessoas repletas de virtudes, naquela gente persistente e vitoriosa que identificamos em nosso dia a dia. Não é vergonha alguma admitir que estamos copiando bons exemplos — aliás, é até salutar, se considerarmos a velocidade com que os malfeitos se propagam. Tudo o que não presta não anda, voa, a começar pelas notícias ruins. Então, sejamos nós os veículos propagadores de boas-novas e de exemplos edificantes.

Como já disse, encontre parceiros para a sua jornada. Nosso Senhor, ao enviar os Seus discípulos para evangelizar, não os mandou sozinhos. Ele os enviou de dois em dois, para que um emprestasse ao outro sua própria energia vital, a fim de dividirem a busca e serem parceiros nos sonhos, bem como para que um motivasse e ajudasse o outro em situações de crise ou de fracasso temporário.

Portanto, encontre alguém para caminhar com você, um pai espiritual, um confessor. Busquemos alguém que pense em sintonia conosco e nos motive, alguém para compartilhar sonhos.

Jesus citou o exemplo do homem que, batendo à porta do amigo no meio da noite para pedir-lhe pães emprestados, recebe ajuda. Ele assim agiu mesmo se arriscando, pois sabia que podia contar com seu companheiro de jornada, ainda que fosse apenas para se livrar da amolação (cf. Lc 11, 5-10). Mesmo nos momentos mais difíceis, a verdadeira amizade prevalece, e costumo compará-

-la aos perfumes de flores que nos marcam. Para o meu olfato, por exemplo, o perfume do lírio é o mais agradável, porque o associo ao cheiro do Céu. Já os meus olhos se encantam com o girassol.

Quando estive pela primeira vez na Terra Santa, fiquei verdadeiramente tocado ao me deparar com uma plantação de girassóis. Além da estética, gosto do simbolismo dessa flor, que nos remete à importância de estarmos perto das pessoas com as quais temos afinidades. Todo mundo sabe, e o próprio nome sugere, que os girassóis se movimentam de acordo com a posição do sol. Mas não é só isso. Quando o dia está nublado, eles se viram uns para os outros buscando energia ao seu redor. Dessa forma não murcham, não perdem as pétalas, mesmo nos dias sem sol, pois podem contar com a energia dos seus companheiros.

Por isso, escolha o quanto antes o seu "girassol", alguém próximo que lhe emprestará ânimo e força sempre que for preciso. Aproveite a ilustração abaixo e coloque nela o nome dessa pessoa. A natureza de fato nos dá uma valiosa lição espiritual: nem todo dia teremos sol, mas sempre poderemos contar com o girassol ao nosso lado.

BUSQUE O SEU PRÓPRIO BEM

Cuidar dos próprios interesses com zelo máximo é outro diferencial de quem persiste, enquanto a perda da noção de individualidade nos leva a desistir facilmente. Fique atento: não podemos confundir individualismo com individualidade. O primeiro é irmão do egoísmo e filho de um ego inflamado; a segunda, por sua vez, é fruto do conhecimento de si e do cuidado que devemos tomar com tudo o que nos diz respeito. Lembremos o conselho de São Paulo: "Cuida de ti mesmo e tende cuidado com o que ensinas. Continua fazendo isso, pois assim salvarás tanto a ti como os que te escutam" (1 Tm 4, 16).

Ninguém pode perder sua individualidade. Deus nos fez sujeitos únicos, indivíduos únicos. Portanto, não podemos ser tratados de forma padronizada, como se fôssemos apenas mais um dígito ou uma estatística em políticas e campanhas de massa.

Muitos podem se escandalizar com o que vou afirmar aqui, mas não podemos focar nossa vida só no bem-estar dos outros. Calma! Não estou batendo cabeça nem delirando. Trata-se de uma questão de lógica e eficácia. Em primeiro lugar, devemos buscar nosso próprio bem e nos tornarmos pessoas inteiras, pois somente assim poderemos nos colocar verdadeiramente a serviço das pessoas que necessitam. Temos de ser altruístas, amar o próximo como a nós mesmos, estar sempre dispostos a ajudar, rezar pelos enfermos, mas sem nos esquecermos de nós mesmos. Isso não contradiz em nada os princípios do cristianismo. Pelo contrário: é legitimado pelo próprio exemplo de Jesus, que era inteiro por excelência. Ele tinha a Sua missão muito bem resolvida consigo mesmo.

Quanto a nós, não raro estamos tão focados nos problemas do outro que acabamos fugindo dos nossos. Fiz questão de citar uma passagem bíblica sobre a importância de cuidar de si logo no início desta minha explicação porque o mais comum é escutarmos vozes imperiosas dizendo: "Reze pelos outros", "Faça o bem ao próximo"... Isso é louvável e uma obrigação, é claro, mas neste momento quero lembrá-lo de cuidar de si, focar nas suas necessidades, resolver as suas pendências, curar as suas feridas, reprogramar a sua vida em Deus. Lembre-se: o grão de trigo tem de cair no chão para dar frutos. É preciso contar com o grão em sua potência total, pois, se faltar algum componente, não haverá semeadura.

Confesso que tenho um pé atrás com pessoas que querem ser "pseudocaridosas". São verdadeiras "UTIs" para resolver os problemas dos outros, mas, muitas vezes, estão se escondendo, negligenciando o autoconhecimento, evitando o enfrentamento das próprias sombras. Estão sempre com a sirene ligada apagando o incêndio dos outros, mas nunca os seus. Na verdade, quanto melhor estivermos com nós mesmos, mais podemos nos dedicar aos outros.

SEJA PACIENTE

Assim como no plano da natureza o tempo nos cobra paciência. Não podemos ter pressa para o crescimento espiritual. Exercitar a persistência nos obriga necessariamente a sermos pacientes.

Ao contrário do que se imagina, ter paciência não é sinônimo de ficar parado, inerte, passivo, diante dos acontecimentos. Deus quer que pratiquemos uma paciência persistente.

É importante compreender o que ocorre quando atropelamos tudo e tomamos decisões às pressas e sem discernimento. Focamos somente na bendita linha de chegada, na vitória conquistada ou não, e nos esquecemos de saborear o processo, no qual nos são oferecidos inúmeros aprendizados. Isso é um indício de uma séria defasagem em nossa cota de paciência, a qual pode nos levar a incorrer nos mais diversos tipos de erros. A propósito, nesses momentos de contrariedade e perda, mais do que nunca temos de ser pacientes, a fim de aprendermos a lidar com as "podas" da vida. Costumo dizer que Deus nunca nos poda para fazer mal. No entanto, muitos de nós, levados pela impaciência, acabamos interpretando Seus desígnios dessa forma. O tempo de Deus não é o nosso; aquiete, pois, seu coração e repouse a sua alma em Deus, deixando que Ele a reprograme e cuide de você.

Precisamos desenvolver a paciência para que persistamos e possamos ouvir a voz de Deus. Peça:

> Senhor, Tu conheces meu coração
> e compreende minhas inquietações e debilidades.
> Dá-me o dom da paciência, que é fruto do Teu Santo Espírito,
> paciência para com minhas próprias limitações,
> paciência para não agir no primeiro impulso,
> paciência para fazer a Tua vontade.
> Tira, Senhor, de mim a irritação, o imediatismo e o estresse.
> Dá-me paciência e serenidade.
> Amém.

Para finalizar, destaco uma das frases de Henry Ford, o famoso fundador da multinacional automotiva Ford Motor Company: "Há mais pessoas que desistem do que pessoas que fracassam."

Jamais devemos interpretar uma derrota temporária como o ponto final de um combate. Levemos em consideração que os reveses são oportunidades de crescimento, pois nos dão tempo para recobrar as forças, rever nossas estratégias, retomar as tratativas e vencer a luta.

Nada vem de graça nesta vida — nem o Inferno, quanto mais o Céu! Em ambos os casos, sempre o agraciado ou o condenado fez por merecer. Por isso, há que se persistir.

Não crie expectativas quanto à existência de atalhos para o caminho da santificação. Jesus mesmo disse: "Quem quer me seguir, tome a sua cruz e me siga" (cf. Mt 16, 24). E ainda: "Neste mundo sereis caluniados, sofrereis. Neste mundo tereis grandes dificuldades, mas quem perseverar até o fim será salvo" (cf. Mt 24, 9-13).

Muitos de nós fomos condicionados a não acreditar em nossa própria capacidade de realização, o que é um engodo do Inimigo. Como filhos de Deus, somos parte d'Ele e podemos alcançar muito mais do que aquilo que imaginamos. Acredite, a "reprogramação" já está em curso com a ponte que estamos construindo juntos, e Deus irá nos aperfeiçoar e atualizar todos os nossos "aplicativos". Basta que prossigamos determinados a ser uma versão nova de nós mesmos, uma vez que Deus sempre acreditou em nosso potencial.

Chegou o momento de colocarmos mais um alicerce em nossa ponte, cuja travessia estamos fazendo em busca do crescimento espiritual. E este novo alicerce não poderia ser outro senão este:

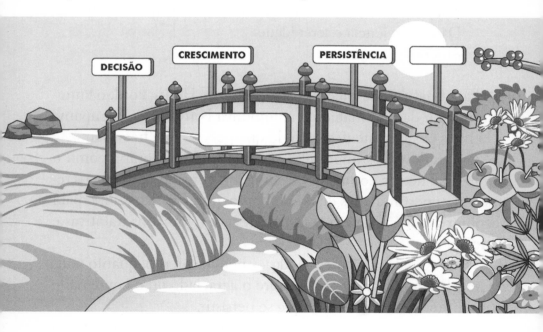

Para rezar

Salmo 16

R.: Guardai-me, ó Deus, porque em Vós me refugio!

Guardai-me, ó Deus, porque em Vós me refugio!
Digo ao Senhor: "Somente Vós sois meu Senhor:
Ó, Senhor, sois minha herança e minha taça,
meu destino está seguro em Vossas mãos!"

Eu bendigo o Senhor, que me aconselha,
e até de noite me adverte o coração.
Tenho sempre o Senhor ante meus olhos,
pois se O tenho a meu lado não vacilo.

Eis por que meu coração está em festa,
minha alma rejubila de alegria,
e até meu corpo no repouso está tranquilo;
pois não haveis de me deixar entregue à morte,
nem Vosso amigo conhecer a corrupção.

Vós me ensinais Vosso caminho para a vida;
junto a Vós, felicidade sem limites,
delícia eterna e alegria ao Vosso lado!

Oração

Senhor Jesus, Deus de amor e de bondade,
Disseste: "Aquele que perseverar até o fim será salvo."
Por isso, Senhor, neste momento de oração, venho pedir-Te:
Faz com que Tua palavra e Teus clamores produzam eco no meu coração.
Que eu esteja aberto aos Teus apelos de mudança e conversão.
Fortalece minha fé e me faz persistente.
Que hoje, Senhor, minhas angústias deem lugar à esperança e as aflições deem lugar à paz.
Não permita que a angústia me leve à aridez, ao sofrimento e ao desânimo.
Tira-me, Senhor, do comodismo e da preguiça espiritual.
Manda Teu Espírito, Senhor, revelar-me Tua vontade;
que ela seja determinante nas decisões a serem tomadas.
Vem, Espírito Santo, e fica comigo.
Sê, em minha vida, presença de força e entusiasmo.
Espírito Santo, faz que mesmo nas grandes tribulações não haja desespero.
Ensina-me a atravessar as provações com confiança
e encontrar consolo na fé, força na oração e a perseverança final.
Amém.

CAPÍTULO 9

VOCÊ SE SENTE AMADO E
É CAPAZ DE AMAR?

Vivemos num tempo em que muitos não acreditam mais na importância de amar. Mas será que as pessoas sabem o que é o amor?

Sem dúvida, Deus é a maior autoridade nesse assunto. Ele contém na Sua essência o amor pleno, perfeito, a junção de todo e qualquer significado que possamos ter a esse respeito — e de tal modo que São João O identifica como o amor (cf. 1 Jo 4, 8).

Por outro lado, o nosso amor é frágil, limitado... Como então podemos crescer espiritualmente?

Jesus nos deixou Sua lição de amor como um verdadeiro testamento. Na Quinta-Feira Santa, durante a Última Ceia, sentado à mesa com Seus amigos, Ele transmitiu um dos seus mais importantes ensinamentos: "Assim como eu vos amei, amai-vos uns aos outros. Se amardes uns aos outros, todos saberão que sois meus discípulos" (Jo 13, 34-35).

E de fato foi isso o que aconteceu na Igreja primitiva, segundo conta Tertuliano. Os primeiros cristãos levaram tão a sério essas palavras do Senhor que os pagãos exclamavam, admirados: "Vede como se amam!"

Neste treinamento, estou citando muito São Pedro, e acredito que isso não seja por acaso. Afinal, nós somos como ele: uma pedra a ser lapidada, muitas vezes impulsivos, mas sempre com o desejo de acertar.

Jesus perguntou a Pedro: "Tu me amas?". Pedro, rapidamente, respondeu: "Sim, Tu sabes que Te amo, Senhor!". Jesus lhe disse, então: "Apascenta minhas ovelhas!" Em seguida, repetiu a pergunta, chamando Pedro pelo seu nome original: "Simão, filho de João, tu me amas?" Pedro respondeu mais uma vez: "Senhor, Tu sabes que Te amo!" E Jesus lhe disse outra vez: "Apascenta minhas ovelhas!" Novamente, o Mestre lhe perguntou: "Simão, filho de João, tu me amas?" Pedro enfim ficou triste por Jesus tê-lo questionado e respondeu: "Senhor, Tu sabes tudo e sabes que Te amo!" E Jesus insistiu: "Apascenta minhas ovelhas" (Jo 21, 15-17).

Ao meditar sobre esse trecho do Evangelho, fico imaginando uma continuidade para o diálogo, na qual Pedro se corrige: "Senhor, Tu sabes que Te amo profundamente. Mas, por minha natureza humana, eu sou limitado. Mas, dentro dos meus limites, eu Te amo."

E Jesus certamente o acolheria: "Pedro, também Eu te amo. Eu te aceito assim. Tu Me estendeste os braços, e Eu completarei o que te falta. Tu serás o girassol de muitas plantações e de muitas vidas." Lembra a alusão ao girassol no capítulo anterior?

TOME DIARIAMENTE A DECISÃO DE AMAR

Entendamos que o amor não é um ponto final abstrato, e sim uma etapa ou um alicerce bem concreto da travessia. Ele nos ajuda a atravessar a ponte, mas isso não quer dizer que a jornada tenha terminado, pois ainda temos caminho a percorrer.

O amor tem de ser algo significativo no momento presente da nossa vida. Portanto, cuidado para não fazer do amor apenas uma lembrança do passado, pois, nesse caso, ele se torna refém daquilo que vivenciamos, e muitas vezes não foram experiências positivas.

Sei que estou mexendo em feridas, mas não há como não me referir aos problemas da vida a dois. Para ser feliz, um casal precisa cultivar o amor todos os dias, o que significa *decidir* amar *apesar* de tudo, e não amar tudo o que o outro é ou faz. Se isso não for feito, o amor vai diminuindo até se extinguir. Muitos casais já não se amam mais; o que existe é a memória do que foi bom, do amor que existiu um dia... Ambos permanecem juntos vivendo de uma memória afetiva. Isso leva muitos a desistir, a trair e a viver na infelicidade.

A decisão de amar, repito, tem que ser diária. Eu, por exemplo, tenho de decidir ser padre hoje ao acordar, assim como amanhã e todos os dias da minha vida. O mesmo vale para o casamento e para todas as searas que nos são prioritárias em nossa jornada.

Quem se encontra em um momento de dúvidas e incertezas tem de voltar ao primeiro amor, isto é, àquele sentimento que o tocou quando decidiu seguir por esse caminho. Não podemos viver com base nas memórias do passado! Temos de estar inteiros no hoje, para que o amanhã seja melhor.

Por favor, atenção: eu não quero induzir ninguém a terminar o casamento. Pelo contrário, estou sugerindo um resgate de sentimentos, um reavivamento do amor, e isso consiste numa decisão!

Já vimos que, em nossa espiritualidade, em nossa vida de fé, o amor por Jesus também tem de ser uma decisão diária. A nossa adesão e pertencimento a Ele devem ser permanentes. É esse o amor que atrai, nos enche de vontade de viver e nos faz crescer.

SEJA PIEDOSO

No texto já citado da Segunda Carta de São Pedro, ele menciona a piedade presente no amor entre irmãos. Esse é um pilar muito importante do amor, e sobre ele nos deteremos um pouco mais neste treinamento. A palavra "piedade" parece ter caído em desuso e também costuma ser utilizada como sinônimo de comiseração ou pena. Contudo, há um sentido muito mais apropriado que faço questão de resgatar aqui: o de devoção, religiosidade e, sobretudo, amor pelo sagrado.

Nos Atos dos Apóstolos, Cornélio aparece como exemplo de piedade. Longe de pretender que meus comentários sejam uma exegese, pois o texto dos Atos dos Apóstolos é riquíssimo e cheio de significados, atrevo-me a defender a hipótese de que Cornélio representa, em última análise, o povo pagão que se abre à conversão.

No dia em que o Espírito Santo desceu sobre os apóstolos e sobre Nossa Senhora, no domingo pela manhã, em casa de João Marcos, evento este chamado de Pentecostes, Pedro pregou o Evangelho para uma multidão que se converteu imediatamente. Ele se encontrava na cidade portuária de Jope, atual Tel Aviv, em Israel, e se surpreendeu com a informação de que, em outras localidades, povos pagãos também começavam a aderir ao cristianismo. Lembremos que o Mestre o alertara sobre isso ao pedir-lhe que apascentasse Seu rebanho. Assim, aceitou o convite de Cornélio para ir até a cidade de Cesareia e acompanhar de perto um processo de conversão na comunidade. Quando chegou à casa do seu anfitrião, este, numa demonstração de piedade e de profundo respeito, pôs-se de joelhos e baixou a cabeça, porque reconhecia em Pedro o representante de Cristo.

Cornélio era um homem bem-sucedido, comandante de um batalhão romano, mas não hesitou em se ajoelhar diante de Pedro, que recusou o gesto alegando ser apenas um homem. Ao contrário da proibição imposta aos adeptos do judaísmo, que não podiam entrar na casa de não judeus, Pedro fez questão de ressaltar que Deus aceita a todos sem distinção, independentemente da fé professada. O apóstolo ainda fez uma breve pregação, e foi exatamente nesse momento que o Espírito Santo desceu sobre a família de Cornélio e sobre todos os que estavam presentes naquele lugar. Diante daquele *kairós*, palavra de origem grega que significa "momento certo" ou "oportuno", Pedro batizou a todos (cf. At 10).

Pedro já havia passado pelo Pentecostes, mas precisou encontrar a piedade de Cornélio para desenvolver ainda mais plenamente suas capacidades.

É muito importante percebermos que a piedade é parte do amor cristão. Trata-se de um amor além do simples bem-querer. Trata-se de um mandamento. De um tipo de amor virtuoso, decidido. Cornélio e os seus decidiram pela conversão.

Outro texto interessante orienta: "Exercita-te na piedade. Se o exercício corporal traz algum pequeno proveito, a piedade, esta sim, é útil para tudo, porque tem a promessa da vida presente e futura" (1 Tm 4, 8).

Precisamos nos exercitar na piedade. De fato, ela gera muito mais frutos benéficos do que a atividade física. No entanto, ao me ouvir afirmar isso, tem sempre um engraçadinho que retruca: "Então não é para mim, porque eu não faço exercício físico!" Sem dar tempo para ninguém rir, eu contesto: pois comece a fazer, pois quem se ama deve se exercitar, sim — não por uma questão de estética, mas pela preservação da saúde. Não precisa "puxar ferro", e sim realizar uma boa caminhada todos os dias. Faz parte do amor se cuidar. O corpo não é um lixo nem um mero cárcere da alma. Enquanto estivermos bem em nosso corpo, teremos vida. Se amamos a vida que Deus nos deu, cuidamos do corpo, que é uma forma de respeitar o Criador.

Dado esse puxão de orelhas nos sedentários de plantão, voltemo-nos novamente para a importância da piedade. São Paulo exalta a manifestação produtiva e dinâmica dessa virtude, que brota de um imenso amor por Deus. Exercitemo-nos, pois, nessa piedade que transfigura e manifesta-se no amor ao próximo, trazendo a verdadeira alegria. Ela é, portanto, uma bênção para esta vida e perspectiva de felicidade eterna com Deus.

PRATIQUE A FRATERNIDADE

A fraternidade também deve estar presente no amor entre irmãos. Existem várias maneiras de expressar gestos fraternos, mas quero chamar a atenção para a oração. A comunidade que ama se preocupa com o outro. Quando Pedro foi preso, a oração que os cristãos fizeram em seu favor demonstrava fraternidade, como está registrado no livro Atos dos Apóstolos:

> Por aquele mesmo tempo, o rei Herodes mandou prender alguns membros da Igreja para os maltratar. Assim foi que matou à espada Tiago, irmão de João. Vendo que isso agradava os judeus, mandou prender Pedro. Eram, então, os dias dos pães sem fermento. Mandou prendê-lo e lançou-o no cárcere, entregando-o à guarda de quatro grupos, de quatro soldados cada um, com a intenção de apresentá-lo ao povo depois da Páscoa. Pedro estava assim encerrado na prisão, mas a Igreja orava sem cessar por ele a Deus (At 12, 1-5).

Se amamos, rezamos pela pessoa amada. Santa Teresinha do Menino Jesus disse: "Pensar numa pessoa que se ama é rezar por ela." O amor leva à oração e à intercessão. Propicia, ainda, que tomemos as dores da salvação da alma e do corpo da outra pessoa. Por isso, quem ama se torna padrinho ou madrinha de oração daquele em favor do qual a prece é proferida.

INTEGRE-SE AO GRUPO DE DISCÍPULOS AMADOS E SIGA AS LEIS DE DEUS

O amor que vem de Deus tudo acolhe e tudo supera, e é o amor mesmo, o amor por excelência, quem o constitui. Quem ama busca ativamente o bem e o concretiza em gestos em favor do outro, ajudando-o em suas reais necessidades. Essa é a força mais poderosa que existe no mundo, mas não depende de nenhuma reciprocidade. Ama-se porque se *quer* amar. Ama-se porque se *decide* amar.

Se amar é uma ação dinâmica, então implica não apenas desejar o bem do outro, mas *agir* para que esse bem se concretize. Tanto que São Tiago diz: "Por exemplo, pode haver irmãos ou irmãs que precisam de roupa e que nada têm para comer. Se vós não lhes dais o que precisam para viver, de nada adianta dizer: 'Que Deus vos abençoe! Vesti agasalhos e comei bem'" (Tg 2, 15-16).

Amar não é oferecer ao outro o que nós imaginamos que seja o melhor, mas compreender o que ele necessita para crescer. Compreender é um ato cristão que remete diretamente ao amor de Deus.

Além disso, Deus, porque nos ama, tem a liberdade de não nos dar o que pedimos, e sim aquilo de que necessitamos. Por isso, às vezes, não vemos a resposta divina. Ela, afinal, não consiste somente em compensações, mas também em lições para nosso crescimento. Por isso, em tudo o que pedimos devemos ser guiados pelo Espírito Santo. "O Espírito vem em auxílio à nossa fraqueza; porque não sabemos o que devemos pedir nem orar como convém, mas o Espírito mesmo intercede por nós com gemidos inefáveis. E Aquele que perscruta os corações sabe o que deseja o Espírito, o qual intercede pelos santos, segundo Deus" (Rm 8, 26-27).

Nesse sentido, é importante estarmos próximos de pessoas capazes de amar verdadeiramente e acima de tudo. Refiro-me às comunidades cristãs.

Uma pessoa pode fazer parte da Igreja como se esta fosse um "supermercado de graças" ou, ainda, agir feito um "católico turista", daqueles que ficam no último banco porque está mais perto da porta de saída. Não estou criticando ninguém, afinal Deus nos deu o livre-arbítrio, mas, como sacerdote, não posso me eximir do meu papel de orientar. O que Deus quer é que façamos parte da Igreja que ama, dos discípulos amados de Jesus. Isso faz toda a diferença!

Para ficar mais fácil de entender, vou fazer uma analogia com a torcida de um grande time de futebol. Há os torcedores de carteirinha, que acompanham todos os jogos e, sempre que podem, vão assistir às partidas nos estádios, enquanto outros são mais "distraídos", identificando-se com aquela camisa porque o pai ou outro familiar fazia o mesmo. Preferem, porém, se manter distantes, e quando torcem não vibram. Só que todo mundo simpatiza com algum time, nem que seja só para não ficar de fora das rodinhas de conversa. O mesmo ocorre com a espiritualidade; raramente alguém vai dizer que não acredita em Deus ou que não ama Jesus.

Mas aí eu pergunto: que tipo de engajamento tem esse amor?

O amor do qual estamos falando é um sentimento diferenciado, que nos faz crescer na graça. Assim como a evolução física e biológica está atrelada às leis da natureza, o crescimento espiritual se concretiza quando nos integramos aos grupos de discípulos amados para conhecermos as leis de Deus e as seguirmos.

EXERCITE-SE NO AMOR DIVINO

Muitos podem me perguntar: Padre, mas o que significa exatamente exercitar o amor de Deus?

Eu, que não sou bobo nem nada e vim mais do que preparado para este treinamento, tenho as respostas na ponta da língua. Na verdade, trata-se de um tipo de aprendizado para uma vida inteira, e portanto demanda dedicação e aprofundamento. Só que, assim como os professores de ginástica conseguem sintetizar boa parte da fisiologia do exercício em rápidos "circuitos funcionais", que ajudam a melhorar a nossa saúde e o nosso desempenho, proponho-me a fazer algo semelhante neste finalzinho de jornada.

Para começar, tente "se diminuir" e deixar que Cristo cresça. Mais do que ninguém, João Batista fez isso (cf. Jo 3, 30), e devemos seguir seu exemplo. Todos os dias, eu, Reginaldo, luto para diminuir meu egoísmo, minhas vaidades, para que Cristo cresça. Na escola do amor divino e do crescimento espiritual, eu me diminuo para que Cristo apareça em mim.

A coragem é outra forma de demonstração de amor que vemos na vida dos mártires, lembrando que não se trata da ausência de medo, e sim da presença da fé, em que pese todo o temor. E você? Ama apesar do medo?

Fé é crer sem ver! Por isso, não espere o medo ir embora para ter coragem de amar e crescer.

Se vivemos com base na lei espiritual e agradamos a Deus, Ele nos permite crescer em Seu conhecimento, e assim passamos a entender melhor a Sua vontade em nós. E, quanto mais O conhecemos, mais frutificamos em boas obras (cf. Cl 1, 10).

São Paulo nos aconselha a viver o amor autêntico e a crescermos em tudo até alcançarmos a altura espiritual de Cristo (cf. Ef 4, 15).

Recorrendo à natureza como exemplo, uma árvore sadia e frondosa cresce em todos os sentidos: para cima e para os lados, ostentando uma copa alta e abundância de folhas, flores e frutos. Em nossa vida espiritual, também precisamos crescer proporcionalmente em todas as direções, agindo com coragem, mas também praticando a justiça, a caridade e a gratidão.

Sobre essa última, há uma parábola muito ilustrativa que encontrei "viajando" em meus guardados:

Um rei tinha dez cães selvagens. Quando um servo cometia um erro, ele o jogava aos cães.

Certo dia, um dos servos fez algo errado. O rei ordenou que tivesse o mesmo destino, mas ele pediu:

— Eu o servi por dez anos. Por favor, dê-me dez dias antes de me jogar aos cães.

O rei atendeu ao seu pedido e, já na prisão, o servo disse ao guarda que gostaria de servir os cães durante os próximos dez dias. O guarda concordou, e o servo pôde alimentar os animais, limpá-los e banhá-los com todo o cuidado.

Quando os dez dias acabaram, o rei ordenou que o servo fosse enfim jogado aos cães. No entanto, imediatamente todos ficaram surpresos: os cães vorazes lambiam os pés do servo!

O rei, perplexo com o que estava assistindo, indagou:

— O que aconteceu com meus cães?

O servo respondeu:

— Eu servi os cães por apenas dez dias, e eles não esqueceram os meus serviços; no entanto, eu o servi por dez anos, e o senhor se esqueceu de tudo no meu primeiro erro.

O rei, então, conscientizou-se do seu grave equívoco e ordenou que o servo fosse libertado.

Uma pessoa ingrata não experimentou o amor de Deus e age como o rei dessa parábola, que foi servido e não reconheceu o bem que lhe fizeram. A gratidão, por sua vez, é fruto de quem já cresceu em Deus e entende como Ele é incondicional em Seu amor.

Se dizemos que amamos a Deus, mas não amamos nossos irmãos, estamos descumprindo o maior de todos os mandamentos: "Amar a Deus sobre todas as coisas e amar o próximo como a si mesmo" (Mt 22, 34-40). É impossível fazermos de Deus objeto do nosso amor e desprezarmos nossos semelhantes, uma vez que Ele está presente no outro. Quando amamos nossos irmãos, expressamos o amor divino. Por isso, o mundo injusto e a falta de caridade ofendem o princípio criador de Deus.

Finalizo com uma tocante alegoria que chegou até mim, sem indicação de autoria, por meio de um aplicativo de mensagens. Faço questão, porém, de reproduzi-la aqui.

Um dia, os homens de uma aldeia decidiram rezar para que chovesse. No dia da oração, todas as pessoas se reuniram, mas apenas um menino veio com um guarda-chuva. Isso se chama fé.

Quando lançamos um bebê no ar, ele ri porque sabe que nós o pegaremos de novo. Isso indica confiança.

Todas as noites, vamos dormir sem a garantia de que estaremos vivos na manhã seguinte, e no entanto colocamos o despertador para tocar. Isso denota esperança.

Havia um homem velho com os seguintes dizeres em sua camiseta: "Eu não tenho 70 anos. Eu tenho 16 com mais 54 anos de experiência". Isso expressa atitude.

As pessoas veem o sofrimento que assola o mundo e, ainda assim, continuam se casando e gerando filhos. Isso nada mais é do que amor.

Alimente a sua vida sorvendo o genuíno leite espiritual de Deus com fé, confiança, esperança, atitude e, sobretudo, *amor*.

Este é, fundamentalmente, o quarto sinalizador para a nossa ponte.

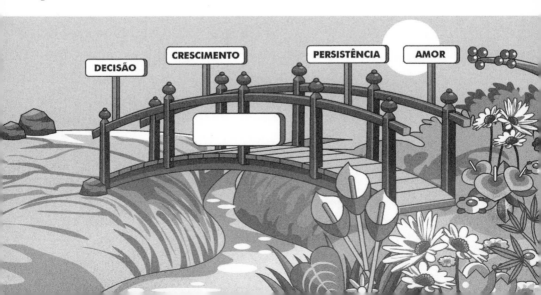

Para rezar

Salmo 89

R.: Ó *Senhor, eu cantarei, eternamente, o vosso amor.*

Ó, Senhor, eu cantarei eternamente o Vosso amor,
de geração em geração eu cantarei Vossa verdade!
Porque dissestes: "O amor é garantido para sempre!"
E a Vossa lealdade é tão firme como os céus.

Anuncia o firmamento Vossas grandes maravilhas,
e o Vosso amor fiel, a assembleia dos eleitos,
pois, quem pode, lá nas nuvens, ao Senhor se comparar
e quem pode, entre seus anjos, ser a Ele semelhante?

Quão feliz é aquele povo que conhece a alegria;
seguirá pelo caminho, sempre à luz de Vossa face!
Exultará de alegria em Vosso nome dia a dia,
e com grande entusiasmo exaltará Vossa justiça.

Oração

Senhor Jesus, Deus de bondade e misericórdia,
é meditando a Tua Paixão que entendo o verdadeiro sentido
do amor:
um amor gratuito, comprometido e sem limites pela humanidade,
um amor levado até as últimas consequências, na Cruz.
Senhor, envolve-me no Teu mistério de amor
e revela-me o que precisa ser mudado,
transformado e renovado em minha vida.
Fortalece minha vontade,
ilumina a minha reta intenção.
Permita-me refugiar nas Tuas Santas Chagas,
que são as marcas do Teu grande amor por mim.
Faze, Senhor, que contemplando a Chaga da Tua mão direita
eu deseje crescer no amor-caridade, fundamental para a santidade.
Faze, Senhor, que contemplando a Chaga da Tua mão esquerda
eu desenvolva a mansidão, para refrear minhas paixões.
Faze, Senhor, que contemplando a Chaga do Teu pé direito
eu deseje crescer na fé e me comprometa a realizar,
a cada momento, o que Teu Pai e meu Pai espera de mim.
Faze, Senhor, que contemplando a Chaga do Teu pé esquerdo
eu renove a esperança, que encoraja diante das perturbações,
preocupações e tribulações da vida.
Faze, Senhor, que contemplando o Teu lado aberto
eu busque ser humilde, como o Teu Coração é humilde e manso.
Senhor, basta uma gota do Teu Sangue Redentor, e eu serei
curado.
Senhor, basta uma gota do Teu Sangue Redentor, e eu serei
libertado,
nas Tuas Santas Chagas.
Amém.

CAPÍTULO 10

VOCÊ ESTÁ PRONTO PARA EXPERIMENTAR O PODER DE JESUS?

O sentido da vida é buscar e encontrar Aquele que se deixa encontrar. Nossa grande busca é o Senhor. Ele é o amado da nossa alma.

Jesus é a Verdade! Não a verdade do mundo, que é idêntica a analgésico: tira a dor, mas não cura. A verdade do mundo fascina, ludibria, cega e engana. Já a Verdade de Deus, a única com V maiúsculo, muitas vezes dói, mas sempre liberta. A felicidade que buscamos, e sei que todos a buscamos, só encontraremos em Deus, por Jesus. Não depositemos a razão de nossa felicidade em pessoas, não arrisquemos todos os trunfos da nossa vida em alguém. Arrisquemos no Senhor, pois Ele é fiel (cf. 1 Cor 1,9).

Estamos chegando ao final de um treinamento para o crescimento espiritual, e já preparei o desenvolvimento de nove potenciais que só fazem sentido quando acessamos o décimo e definitivo: o próprio Jesus.

Um primeiro exemplo a que recorro para ilustrar este *grand finale* consta no Evangelho de São Mateus: "Vendo Jesus que estava cercado de grandes multidões, ordenou que partissem para a outra margem. Então, chegou-se a Ele um escriba e disse: 'Mestre, eu Te seguirei para onde quer que vás.' Ao que Jesus respondeu: 'As raposas têm suas tocas e as aves do céu, ninhos; mas o Filho do Homem não tem onde reclinar a cabeça.' Outro dos discípulos Lhe disse: 'Senhor, permite-me ir primeiro enterrar meu pai.' Mas Jesus lhe respondeu: 'Segue-me e deixa que os mortos enterrem seus mortos'" (Mt 8, 18-22).

Primeiramente, observe que Jesus não chamou o escriba: este se ofereceu. Não que o Senhor tenha descartado o "oferecido", mas, com a sutileza do Mestre, didaticamente desestimulou-o, alertando para a dificuldade inerente à Sua missão. Jesus fez isso ao perceber no escriba certa superficialidade no querer; ele estava movido pelo "oba-oba, glória e aleluia", ou seja, por um entusiasmo passageiro. Jesus não sentiu sinceridade no desejo dele de segui-Lo. Valeu a boa intenção, mas a motivação não era suficiente. Não se tratava de um desejo ardente. Ele não estava disposto a fazer sacrifícios para vivenciar o Poder Oculto da decisão de seguir Jesus Cristo.

Por isso, atenção: cuidado para não terminar este programa de crescimento espiritual com um desejo aparente, superficial. Seu querer tem de ser tão sério, e sua motivação tão grande, que nenhuma dificuldade impeça a adesão.

O segundo aspecto relevante vem logo depois do diálogo com o escriba, quando um dos discípulos comete um erro feio na avaliação do que é prioridade, alegando a necessidade de enterrar o pai. Jesus é taxativo: "Segue-me e deixa que os mortos enterrem seus mortos."

Esse discípulo foi o que, na gíria, costumam chamar de "vacilão". Por outro lado, para a maioria dos estudiosos, o seu pedido provavelmente não passava de uma elucubração, motivada pela doença terminal do pai. De qualquer forma, Jesus não questionou o desejo do discípulo de enterrar o progenitor, que era um direito legítimo conforme a Bíblia judaica; antes,

Ele chama a atenção para as tradições que escravizam e dá a entender que elas devem ser superadas para que o novo afinal floresça. Há, ainda, uma linha de pesquisa segundo a qual o termo "morto" era empregado entre os rabinos para se referir a quem não se abrira à Palavra, enquanto "vivo" designava aqueles que eram judeus.

Pois, à luz dos princípios da Nova Aliança que Jesus passava a difundir, "mortos" estavam todos aqueles que bebiam das velhas leis e não se abriam à Boa-Nova. Por essa razão, Ele pede ao discípulo que deixe o passado para trás e aproveite a oportunidade ofertada: a graça de segui-Lo. E é o próprio Jesus quem o chama para a missão. Tantas pessoas queriam, mas o convite foi feito àquele discípulo, que, ainda preso às velhas tradições, titubeou...

Como vimos, ele também não estava disposto a se deixar conduzir pelo Poder desconhecido, e até então oculto, que jaz no mundo novo de Jesus Cristo.

E quanto a você? Já está convencido a dar, agora, imediatamente, esse passo?

Se ainda não está, é sinal de que há a necessidade de rever em Jesus o Poder do Deus do Impossível.

Um chamado como esse de Jesus, "Vem e segue-me", não pode esperar, pois Ele não está propondo uma ação para o futuro, mas para o hoje, para o presente, ou seja, para o aqui e o agora. Nada pode adiar a decisão de seguir Jesus; nenhuma desculpa, mesmo culturalmente aceita, deve estar acima do Reino de Deus.

De fato, parece que Jesus deu uma "peneirada", e os dois aspirantes não passaram no controle de qualidade dos verdadeiros discípulos missionários. O texto, afinal, não sinaliza que ambos foram fiéis e continuaram a segui-Lo. Um não foi capaz de compreender a missão de seguir quem não tem onde reclinar a cabeça; o outro hesitou e não conseguiu romper com suas amarras para atender de imediato o chamado de Deus.

PREPARE-SE PARA RENUNCIAR AOS SEUS APEGOS

Para acessar Jesus, precisamos vencer a maior de todas as barreiras: o nosso apego. Prestemos atenção a esta outra passagem:

> Um jovem se aproximou e disse a Jesus: "Mestre, o que devo fazer de bom para possuir a vida eterna?" Jesus respondeu: "Por que me perguntas o que é bom? Um só é o bom. Se queres entrar na vida eterna, guarda os mandamentos." O homem perguntou: "Quais mandamentos?" Jesus respondeu: "Não matarás; não cometerás adultério; não roubarás; não levantarás falso testemunho; honrarás teu pai e tua mãe; e amarás teu próximo como a ti mesmo." O jovem disse a Jesus: "Tenho observado todas essas coisas. O que ainda me falta fazer?" Jesus respondeu: "Se queres ser perfeito, vai, vende tudo o que tem, dá o dinheiro aos pobres, e terás um tesouro no céu. Depois, vem e segue-me." Quando ouviu isso, o jovem foi embora cheio de tristeza, porque era muito rico (Mt 19, 16-22).

Não é a primeira vez que esse trecho do Evangelho é citado em meus livros — neste, já apareceu no Capítulo 5, na quinta etapa do nosso treinamento. Neste momento, porém, ele é mais do que oportuno, pois expõe de forma nua e crua a fragilidade dos nossos desejos. Assim como esse jovem, ansiamos pela vida eterna, e muitos de nós manifestamos a intenção de seguir Jesus. Todavia, não queremos abrir mão de certas coisas, o que nos impede de decidir *de verdade*. Dito isso, se ainda há alguma ilusão, eu reforço aqui sem dourar a pílula: em nossa vida, nada vem com baixo custo, a não ser o que é falso ou não tem valor. Todo o restante requer esforço e empenho.

O jovem parecia estar pronto, mas desistiu. E todos nós sabemos por quê. Jesus ordenou que ele vendesse todos os seus bens e desse aos pobres, mas ele não conseguiu renunciar à materialidade e à mundanidade, dado que ainda era uma pessoa apegada. Vivia em conformidade com os ditames da razão e da sociedade, conseguia observar os Mandamentos, mas não era movido pelo Espírito. Conseguia cumprir as leis dos homens, mas não estava disposto a se deixar levar pelos ventos do divino. Lembremos, pois, que a santidade não vem só da observância da lei, mas também, e sobretudo, da ação do Espírito Santo em nós.

Isso nos remete a outro texto: "Em verdade, em verdade, te digo: quando eras jovem, tu te cingias e andavas por onde querias; quando fores velho, estenderás as mãos e outro te cingirá e te conduzirá aonde não queres" (Jo 21, 18). Jesus diz isso a Pedro referindo-se a duas fases do discipulado: "jovem" ou imaturo, e "velho" ou maduro. Pedro chama a atenção justamente por ser muito intenso e, portanto, deixar-se mover pela paixão, o que o aproxima sobremaneira de nós. Ele vai de um extremo ao outro: fez uma belíssima profissão de fé, o que mereceu elogios, recebeu um posto de destaque em relação aos demais discípulos, mas, em seguida, deu uma baita "bola fora" e levou um puxão de orelha de Jesus (cf. Mt 16, 15-23). Quando Jesus, lavando os pés dos apóstolos, nos ensina a servirmos uns aos outros, Pedro diz: "Não, és o Mestre, nunca me lavarás os pés." Na sequência, ao ouvir o argumento de Jesus, pede: "Senhor, então podes lavar não só meus pés, mas até minhas mãos e a cabeça." Eis aí outra gafe que rendeu uma reprimenda (cf. Jo 13, 8-9)!

Repito, nós somos muito parecidos com Pedro: impulsivos, ansiosos, escravos das nossas vontades. Isso faz com que nos adiantemos ao Espírito Santo e decidamos por nós mesmos.

Como já expliquei, com o Sacramento do Batismo, não estamos mais em processo de gestação do ponto de vista da fé cristã, mas ainda somos como recém-nascidos, muito imaturos, sem ter a exata consciência do que é ser verdadeiramente discípulo missionário de Jesus. Cristo nos chama a segui-Lo, e temos de nos preparar para responder ao Seu chamado.

Já com a vivência do discipulado, nós nos tornaremos "velhos". Evidentemente, não se trata da idade cronológica, e sim do crescimento para a maturidade espiritual, de nos deixarmos conduzir pelo Espírito, servindo e fazendo não a nossa vontade, mas aquilo que o Senhor quer e espera de cada um de nós.

Foi exatamente dessa forma imatura que o jovem rico se comportou; ele queria conduzir sua vida sem renunciar a seus apegos. São João da Cruz disse que o apego fascina, deslumbra e tolhe nosso entendimento, escondendo a verdadeira luz. Enquanto houver apego, por mínimo que seja, nossa alma sofrerá. Quando estamos fascinados por algo, podemos até fazer várias mortificações, vários atos de piedade, mas não conseguimos crescer.

Jesus disse: "Eu sou a videira, vós sois os ramos, e meu Pai é o agricultor" (Jo 15, 1). Para darmos bons frutos e nos tornarmos discípulos, é preciso permanecer em Jesus, tal qual o ramo permanece unido ao tronco. Somos os ramos, e, se não estivermos unidos a Ele, que é a videira, não frutificamos e seremos galhos quebrados, que em pouco tempo secarão e serão jogados ao fogo como lenha. Temos de estar unidos a Jesus, pela Palavra e pela Eucaristia, para nos nutrirmos com o genuíno alimento espiritual, que é a seiva da vida.

Quem conhece um pouco da zona agrária sabe que, em toda plantação, para haver boa colheita, é preciso limpar, carpir, retirar os parasitas. Foi também São João da Cruz que disse ser indispensável lavrar a terra para fazê-la frutificar; caso contrário, só produzirá ervas daninhas. Da mesma forma, a alma precisa ser lavrada no desapego e na renúncia para progredir em santidade.

Vimos três exemplos clássicos e emblemáticos de pessoas que tiveram a chance de sentir e participar do grande poder messiânico de Jesus, mas não estavam decididas, motivadas, convertidas o suficiente. Que pena!

E você?

Restaure-se em Jesus

Pare e pense: nos exemplos que vimos, Jesus pediu o impossível? Certamente, não. Jesus não deixa ninguém sem resposta, mas também jamais "esconde o jogo". Ao escriba que se ofereceu para segui-Lo e ao discípulo escolhido, foi logo avisando que não existe decisão sem sacrifício nem possibilidade de abraçar uma vida nova sem abrir mão de velhos hábitos.

No caso do jovem rico, Jesus foi ainda mais longe e tentou lavrar sua alma pela renúncia, mas ele não aceitou. Por isso, reforço que esse jovem nos representa com precisão neste momento em que estamos, no qual temos de lutar para crescer rumo à salvação e nos alimentar com o puro leite espiritual, a fim de não chegarmos ao final da vida alijados da presença de Deus.

Existe um mundo terreno em que nos encontramos e um mundo divino ao qual queremos chegar, e para isso estamos construindo uma ponte, lembra-se? Nessa caminhada, se percebemos que estamos estagnados, devemos assumir sem meias-palavras que o impedimento é nosso. Como primeira etapa, peça agora e com autoridade:

Senhor, lavra a minha alma
e me ajuda a produzir frutos,
a crescer nas virtudes.
Trabalha em mim
e mostra-me que renúncias devo fazer agora.
Amém.

Não tenha dúvida de que Deus fará isso, pois Jesus nos garantiu: "Pedi e vos será dado; buscai e achareis; batei e vos será aberto; pois todo o que pede recebe; o que busca acha e ao que bate se lhe abrirá" (Mt 7, 7-8).

Filho, filha, proponho agora que você faça um último exercício, como segunda etapa: imagine que Deus está reprogramando a sua vida.

Para este trabalho, não quero que você anote nada agora. Deixe isso para depois. Por ora, apenas deixe a imaginação fluir, lembrando a sua função de ajudar na concretização de nossos propósitos — foi ela que permitiu a Santo Inácio de Loyola experimentar a libertação, recordam? Graças ao poder divino, o melhor sistema de processamento de dados do mundo — a mente humana — está à sua disposição, tudo isso dentro da melhor máquina: você mesmo. Em você, os mundos físico e espiritual, corpo e alma, se encontram e podem viver em perfeita harmonia. Rastreie, então, o que está impedindo essa convivência perfeita, aproveite que Deus está no comando e, com a ajuda do "antivírus" mais poderoso, que é a Palavra de Deus, tente identificar quais são os "programas piratas" que você baixou e precisa excluir.

Contemple seu mundo interior como se ele fosse uma tela de computador. Visualize cada ícone. Escolha a cor do fundo de tela, identifique aplicativos sem uso ou que estão sobrando, pequenas sujeirinhas que impedem o funcionamento pleno dessa máquina: imagens que deveria ter deletado e ainda não deletou, memórias dolorosas, sentimentos tóxicos, mágoas acumuladas... Vasculhe cada cantinho, vá na lixeira, aquele lugar que a gente sempre negligencia achando que não "pesa" no sistema, mas guarda tudo de ruim que não queremos mais até transbordar e fazer o sistema parar de rodar. Apague completamente tudo o que lhe faz mal, como o medo, a baixa autoestima, os fracassos temporários, as maldições que, no seu entender, foram lançadas por terceiros, as crenças limitadoras do tipo "Você não vai conseguir". Esvazie-se de todo esse "lixo".

Faça isso sem pressa; lembre-se de que você está sendo restaurado pelo poder de Deus. Ele nos conferiu dons preciosos e maravilhosos. Aproveite para instalar os aplicativos de virtudes como paciência, perseverança, coragem, resiliência, bem como todas aquelas sobre as quais conversamos neste treinamento e que podem ajudar na concretização das suas metas. Caso se distraia, respire fundo e volte a se concentrar.

Imagino que sejam muitas as informações para um só exercício, então volte ao início desta segunda etapa para assimilar melhor a ideia e, depois, prossiga com calma. O que está para ser revelado tem grande poder de cura.

Deus não nos chamou para a impureza, mas para a santidade (cf. 1 Ts 4, 7). Nossa limpeza é um trabalho de Deus, e, uma vez realizada, podemos passar à terceira etapa, na qual devemos nos purificar, sobretudo abastecendo a mente com pensamentos puros e construtivos.

Vamos lá. Abra-se às novas revelações do Poder, que até então estava oculto. Inspire-se no Céu que Deus criou e projete o seu "paraíso". Não se acanhe! Ele nos ajuda.

Comece por algo que deseja do ponto de vista material: por exemplo, uma casa, um emprego, um casamento. Isso não tem nada a ver com Teologia da Prosperidade, que fique claro. Não há nada de errado em projetar seus desejos no plano material, pois é nele que vivemos uma parte da nossa jornada. Então, façamos o nosso paraíso na terra. Por que não?

Qual é o tamanho e a cor da casa? Visualize a varanda, o pé--direito bem alto, com muitas janelas deixando entrar a luz do sol. No caso do trabalho, não pense pequeno: imagine-se na melhor posição conquistada.

É um filho o que você deseja? Ele está diante de você. Pegue--o em seus braços.

É a sua saúde que precisa ser restaurada? Sinta o ar entrando em seus pulmões e fazendo funcionar cada célula do seu corpo.

É o casamento o motivo de sua preocupação? Parta já em uma segunda lua de mel.

Deixe a imaginação fluir sem restrições. Afinal, este é o seu paraíso pessoal...

Agora, volte-se para si mesmo. Refaça a sua imagem, projete-a e aprimore-a. Erga a cabeça. Deus está oferecendo a você um leite puro e genuíno, então beba dessa fonte...

Faça essa cura em Deus. Lembre-se de que a alma é domínio de Deus e, n'Ele, tudo podemos. Se achar que a sua cara ainda está um pouco caída, recorra já ao *Photoshop* do Espírito Santo e realce o brilho dessa imagem. Depois, abra os braços e se abrace. Diga a si mesmo: "Eu sou uma pessoa linda, maravilhosa, porque Deus habita em mim. O Senhor me encheu de bênçãos e dons maravilhosos. Sou uma nova pessoa, capacitada, potencializada no Espírito Santo. Amém."

Refaça esse exercício de olhos fechados, colocando o que achar necessário. Não tenha vergonha de fazer isso. Jesus está lhe chamando para segui-Lo, para fazer parte do Seu projeto de amor.

Ultimamente, três palavras se tornaram sinônimos de motivação: força, fé e foco. Não sei se exatamente nessa ordem, mas é assim que as registro aqui, porque precisamos de força para lutar sem desistir, de fé para crer que tudo é possível em Deus, pois Ele está sempre no controle, e foco para alcançarmos nossos objetivos.

Para ser mais preciso, nosso foco tem que ser Jesus. Se estamos focados no Senhor, com fé, coração ardente e uma vida de oração, somos capazes de vencer o Inimigo e de voar alto e para o Alto. O Senhor é o Poder Oculto que habita dentro de nós.

E assim chegamos ao fim da nossa jornada, limpos e imbuídos de novas perspectivas, novos sentimentos, novos desejos. Quanto à ponte, olhe bem e verá que está plenamente construída, apenas esperando você caminhar por ela.

Ela é o próprio Jesus.

Para rezar

Salmo 18

R.: *Eu Vos amo, ó Senhor, sois minha força e salvação.*

Eu Vos amo, ó Senhor! Sois minha força,
minha rocha, meu refúgio e Salvador!
Ó, meu Deus, sois o rochedo que me abriga,
minha força e poderosa salvação.

Ó, meu Deus, sois o rochedo que me abriga,
sois meu escudo e proteção: em Vós espero!
Invocarei o meu Senhor: a Ele a glória!
E dos meus perseguidores serei salvo!

Viva o Senhor! Bendito seja o meu rochedo!
E louvado seja Deus, meu Salvador!
Concedeis ao vosso Rei grandes vitórias,
e mostrais misericórdia ao vosso Ungido.

Glória ao Pai, ao Filho e ao Espírito Santo,
assim como era no princípio, agora e sempre. Amém.

Oração para amar Jesus (Santo Afonso de Ligório)

Meu Deus e meu tudo,
apesar de minhas ingratidões e negligências em Vos servir,
continuais a me atrair ao Vosso amor.
Aqui estou, não quero resistir mais.
Quero renunciar a tudo para pertencer só a Vós.
Além de tudo, Vós me tendes obrigado a Vos amar.
Eu me encantei convosco e quero a Vossa amizade.
Como posso amar outra coisa,
depois de ter Vos visto morrer de dor numa Cruz para me salvar?
Como poderei contemplar-Vos morto,
consumido nos sofrimentos,
sem Vos querer bem com todo o meu coração?
Sim, Redentor meu, amo-Vos com toda a minha alma
e não tenho outro desejo
senão Vos amar nesta vida e por toda a eternidade.
Jesus, minha esperança,
minha força e meu consolo,
dai-me força para que eu Vos seja fiel.
Dai-me luz, fazei-me conhecer
as coisas de que devo me desapegar;
ajudai-me para que em tudo eu Vos queira obedecer.
Amém.

Conclusão

"**P**or quê, Senhor?"

Essa é a pergunta que normalmente fazemos quando nos deparamos com fatos e acontecimentos que não entendemos.

Certo atordoamento e certa sensação de impotência são reações esperadas perante o baque sofrido, mas apenas dentro do tempo regulamentar. Depois disso, temos de levantar e prosseguir. Mas o que nos impede?

O grande erro cometido diante de dificuldades, combates e pedras no caminho é acharmos que não conseguiremos transpô-los. Então, fracassamos ou desistimos.

Este livro ousou contestar todo tipo de determinismo justamente com base na força d'Aquele que venceu a mais certa de todas as fatalidades: a morte. De todos os *insights* que você experimentou ao longo desta jornada, aqui vai o derradeiro: somos *húmus*, e isso quer dizer que o Senhor nos fez com o melhor terreno.

Somos obra do Criador, mas não criadores. Fomos feitos e estamos dentro dos desígnios de Deus; portanto, Ele quer terminar em nós a obra começada (cf. Sl 138, 8). Sempre seremos dependentes de Deus, mas não se trata de uma força que nos subjuga, e sim que nos eleva. Deus nos ama e nos criou à Sua imagem e semelhança, e por isso nos quer felizes.

A força que nos impulsiona não é nossa. Ela vem de Deus, na pessoa de Jesus Cristo, e nos desafia a sermos mais, a sabermos planejar e a decidir, a tomarmos atitudes e a crescermos no conhecimento, na fé e no amor.

O apóstolo Pedro, a duras penas, entendeu que, para o verdadeiro crescimento rumo à vitória, é preciso despojar-se do *velho homem* e nutrir-se do puro leite espiritual que Cristo nos oferece (cf. 1 Pd 2, 2).

Agora que você chegou ao final deste livro, obrigatoriamente tenho que fazer uma pergunta: você descobriu o que é o Poder Oculto?

Se você respondeu "sim" a essa pergunta, está verdadeiramente apto para desenvolvê-lo. Ou melhor, já o está desenvolvendo. Parabéns. Continue.

Sugiro que, de tempos em tempos, você releia este conteúdo e retome suas anotações. Você pode descobrir novos significados e aprofundar sua compreensão.

Para os filhos e filhas que não conseguiram entender o que é o Poder Oculto, oriento-os a esperar um pouco e retomar a leitura desta obra. Creio que as sementes lançadas, hoje imperceptíveis, certamente brotarão.

Sempre que possível, retome suas anotações, pois elas são depositárias de uma parte de quem você é e dos seus apelos a Deus. Refaça também as orações sugeridas para avançar no diálogo amoroso com Deus e nas descobertas pessoais.

Referências Bibliográficas

Bíblia de Jerusalém. São Paulo: Paulus, 2002.

Bíblia Sagrada, Edição Pastoral. São Paulo: Paulus, 2ª ed., 2005.

Bíblia Sagrada, Nova Tradução na Linguagem de Hoje. São Paulo: Paulinas, 2011.

Lecionário Dominical ABC. São Paulo: Paulus, 2015.

Lecionário Semanal. São Paulo: Paulus, 2015.

Santo Agostinho, *Confissões*. São Paulo: Companhia das Letras, 2017.

São João da Cruz, *Obras completas*. Petrópolis: Vozes, 2000.

Trese, Leo J., *A fé explicada*. São Paulo: Quadrante Editora, 2007.

DIREÇÃO EDITORIAL
Daniele Cajueiro

EDITOR RESPONSÁVEL
Hugo Langone

EDIÇÃO DE TEXTO
Marco Polo Henriques
Cleusa do Pilar Marino Sieiro

PRODUÇÃO EDITORIAL
Adriana Torres
Pedro Staite
Rachel Rimas

REVISÃO
Luana Luz de Freitas

CAPA
Rafael Brum

FOTO DE CAPA
Washington Possato

ILUSTRAÇÕES DO MIOLO
Ulisses Araújo

DIAGRAMAÇÃO
Filigrana

Este livro foi impresso em 2019
para a Petra.